Für Elisabeth

Achtsam

gärtnern

Wahrnehmung | Glück | Bewusstheit

STEFANIE SYREN
FOTOS: FERDINAND
GRAF VON LUCKNER

blv

Inhalt

Vorwort

Kein Zweifel – Achtsamkeit ist der Schlüssel, der zum Erfolg führt und uns mit Freude erfüllt, wenn es ums Gärtnern geht. Die Phänomene, die sich unseren Sinnen bieten – die Farben, die vielen Schattierungen des Grüns, die Düfte, sei es die vergorene Brennnesseljauche oder der zarte Blütenduft, das Summen der Bienen oder das Rauschen des Windes im Laub, die samtige Berührung der wollenen Königskerze oder der Stich der Brennnesseln, der Gurkengeschmack des rauen Borretsch-Blattes oder das saure Aroma des jungen Staudenknöterich-Triebes – sie alle offenbaren unendlich tiefe Dimensionen, wenn wir ihnen Achtsamkeit schenken. Diese Phänomene sind die Worte, mit der die Natur Zwiesprache mit unserer Seele hält.

Zugleich sollten wir nach innen schauen und wahrnehmen, was diese sinnlichen Eindrücke in uns auslösen. Denn mit dem »Spiegel der Seele« nehmen wir die »Innenseite« der Phänomene wahr. In diesem Spiegel erscheinen die Bäume und Kräuter, ja der Erdboden selbst als beseelt und ansprechbar. So wird ein Dialog von Seele zu Seele möglich. Eine solche ganzheitliche Sichtweise ist eine gute Voraussetzung für das richtige Gärtnern.

Die Achtsamkeit, von der in diesem schönen Buch die Rede ist, lässt uns auch gewahr werden, wie einmalig jede natürliche Erscheinung ist. Pflanzen sind dann keine bloßen Gegenstände mehr, sondern lebende, sich ständig wandelnde und verwandelnde Wesen. Nichts wiederholt sich und dennoch tanzen sie den ewigen Reigen der Natur. Bewunderung und Staunen kann die einzige Antwort darauf sein. Und dieses Bewundern und Staunen ist – wie mein Lehrer, der Bergbauer Arthur Hermes sagte – »geistige Düngung« für den Garten. Es ist unser Dank an die Pflanzen für ihre Schönheit und die Sinnesfreude, die sie uns schenken. Es ist Dank für die Nahrung, die sie spenden, für ihre Heilkraft und für die Luft, die unser Leben ermöglicht.

Es freut mich, dass dieses gut geschriebene und schön bebilderte Buch uns in dieser unruhigen Zeit einen Weg weist, um einen achtsamen und liebevollen Bezug zum Garten und zur Natur allgemein herstellen zu können. ❦

Bewusst die Blätter berühren und im Moment ankommen.

Mit Achtsamkeit anfangen

Die Sehnsucht nach mehr Ruhe und Gelassenheit beschäftigt viele Menschen. Wer achtsam durch den Tag geht und versucht, in der Gegenwart anzukommen, kann beides finden – in jedem Augenblick.

Achtsamkeit wird manchmal missverstanden – als angesagtes Schlagwort, das es auf die Titel von Lifestylemagazinen schafft und mittlerweile sogar als App auf dem Smartphone konsumiert werden kann. Doch wer den Weg der Achtsamkeit einschlägt, sitzt keiner Mode auf, sondern kann ihn ein Leben lang gehen. So wie ihn Generationen vor ihm gegangen sind und nachfolgende weitergehen werden.

Doch was ist damit gemeint? Wie unterscheidet sich ein achtsames von einem »normalen« Leben? Weit weniger, als wir vielleicht vermuten. Achtsamkeit findet im Alltag statt. Wir müssen nicht auf den »richtigen« oder »besonderen« Moment in der Zukunft warten. Ganz im Gegenteil: Achtsamkeit lehrt uns, den jeweiligen Augenblick wertzuschätzen. Wer achtsam lebt, lebt im Hier und Jetzt. Das klingt banaler, als es ist. Denn wie oft essen wir und denken währenddessen an einen Streit, der uns seit gestern förmlich im Magen liegt? Wir bemerken weder die Dillnote im Salat noch den fruchtigen Geschmack der Tomatensauce. Der Gegenwart unsere ungeteilte Aufmerksamkeit zu schenken und im Moment anzukommen, ist eine Voraussetzung für ein achtsames Leben. **Wir können nur in der Gegenwart handeln.** Wenn wir damit hadern, in der Vergangenheit Fehler gemacht zu haben, oder die Suche nach dem Glück in die Zukunft vertagen, werden wir unzufrieden sein. In fernöstlichen Kulturen sind Übungen in Achtsamkeit, wie das Beobachten des Atems, weit verbreitet. Schon der Religionsstifter Buddha Siddhartha Gautama praktizierte vor über 2.500 Jahren Übungen zur Wertschätzung der Gegenwart. Auch wenn diese Meditationen ihren Ursprung im Buddhismus haben, müssen wir nicht religiös sein, um ihnen folgen zu können. Auch der römische Stoiker Seneca ermutigte die Menschen vor rund 2.000 Jahren in seinen Schriften, im Moment zu leben. Für die Gegenwart hat der Mönch und Zenmeister Thich Nhat Hanh die Universalität der Achtsamkeit so formuliert: »Nicht nur Buddhisten, sondern auch Christen, Hindus, Juden, Moslems, Marxisten und Humanisten können akzeptieren, dass jeder von uns die Fähigkeit besitzt, achtsam zu sein.«

Unser Komplize

Wie können wir im Moment ankommen?
Die Gedanken begleiten uns doch immer.
Ein anderer ständiger Begleiter,
unser Atem, kann uns helfen,
die Gedanken loszulassen.
Wenn wir uns auf ihn
konzentrieren, wird unser
Atem zum Anker
in der Gegenwart.

Wahrnehmen ohne zu werten

Zur gelebten Achtsamkeit gehört eine weitere, wichtige Komponente. Der amerikanische Meditationslehrer Joseph Goldstein schreibt: »Achtsamkeit ist jene Qualität des Geistes, mit der er wahrnimmt, was eben geschieht, ohne zu bewerten.« Dieses Beobachten, ohne zu beurteilen, verändert den Umgang mit negativen Gefühlen. Wenn wir merken, dass wir ängstlich, wütend oder traurig sind, nehmen wir das wahr und sind uns bewusst, dass diese Gefühle vorübergehen werden. Die Akzeptanz dieser Gefühle, ohne sich ihnen hinzugeben und in eine Spirale der Frustration und negativen Gedanken zu geraten, kann zu mehr **Gelassenheit und Ruhe** führen. Sogyal Rinpoche, tibetischer Meditationslehrer, beschreibt das so: »Wenn Sie offen und achtsam bleiben und (...) Ihren Geist immer besser sammeln, wird Ihre Negativität allmählich aufgelöst. Sie beginnen, sich mit sich selbst wohl zu fühlen.« Der Schlüssel für ein achtsames Leben liegt nicht darin, alles zu ändern, sondern Gefühle und Tätigkeiten anders *wahrzunehmen*. **Es kommt nicht nur darauf an, was wir tun, sondern auch wie wir es tun.**

Achtsamkeit kann uns helfen, aus dem vermeintlich unvermeidlichen Hamsterrad des Alltags auszusteigen. Die Möglichkeiten, Achtsamkeit in den Alltag einzuladen, sind vielfältig und Sie sollten sich nicht beim Üben in Gelassenheit unter Druck setzen, sondern kleine Schritte gehen. **Für den Anfang tut es schon gut,** drei tiefe und bewusste Atemzüge zu nehmen, wann immer Sie sich unruhig oder unwohl in Ihrer Haut fühlen. Oder Sie gehen in den Garten. Dazu möchte ich Sie mit diesem Buch ermuntern.

Wie dieses Buch entstand

Als ich eines Tages am Telefon von der Frage überrascht wurde, ob ich ein Buch über achtsames Gärtnern schreiben würde, zögerte ich. *Lesen* würde ich es gerne, aber schreiben? Dazu fühlte ich mich nicht berufen. Zu oft ging ich in den Garten und jätete »nur mal kurz« das Unkraut oder erntete »noch schnell« einen Salat, der kurz davor war, Blüten zu bilden. Ich konnte nicht von mir behaupten, *achtsam* zu gärtnern. Doch der Samen war gelegt und ich begann, dem Thema die Tür zu öffnen. Jeden Tag ein Stückchen weiter. Bis ich beschloss, das Schreiben des Buches als Einladung zu verstehen, mit mehr Achtsamkeit zu leben. Und wo konnte ich besser damit anfangen als im Garten?

Der Garten ist die beste Schule, um etwas über das wahre Leben zu lernen.

(Keisuke Matsumoto)

Es machte mir Freude zu beobachten, wie sich meine Wahrnehmung mit jedem Kapitel ein wenig veränderte. Das Jäten von Unkraut wurde zum Ritual für eine Pause und es war gut, dass ich dann nur mit der Unkrautgabel in den Garten ging. Wenn ich jäte, jäte ich. Sonst nichts. Den Pflanzen, die ich nicht gesät hatte, begegnete ich jedes Mal mit weniger Unmut. Wenn sich mein Eimer mit »Beikräutern« gefüllt hatte, erklärte ich die Pause für beendet und verließ den Garten mit einem guten Gefühl. Auch andere vormals als lästig empfundene Arbeiten erfüllten mich zunehmend mit Zufriedenheit. Ich stellte fest, dass achtsames Gärtnern guttut. Ebenso wichtig für die Entstehung dieses Buches war es, dass ich Menschen treffen konnte, die auf dem Weg der Achtsamkeit schon eine lange Strecke zurückgelegt hatten. Sie haben mir gezeigt, was achtsames Gärtnern für sie persönlich bedeutet. Über die Begegnungen mit zwei dieser Menschen, mit Anja Maubach und Alph Lehmann, können Sie in diesem Buch lesen.

Das Buch als Begleiter

Ebenso verschieden wie die Menschen sind auch die Wege, mit Achtsamkeit zu gärtnern. Dieses Buch liefert keine Rezepte, sondern zeigt Möglichkeiten, wie Sie Momente der Achtsamkeit für sich entdecken *könnten*. Einige Tätigkeiten wie das Umtopfen oder das Pikieren werden nicht erwähnt und doch bin ich sicher, dass Sie auch an diese Arbeiten anders herangehen werden, wenn Sie dieses Buch gelesen haben. Oft reicht es aus, eine Tätigkeit bewusst zu beginnen und zu beenden. Auch die Moment-Aufnahmen sind als aufmunternde Anregung gedacht, um mit eigenen Meditationen Kraft zu tanken. Oder den Garten für einige Minuten anzusehen – ohne ihn zu bewerten: mit den Händen über Grashalme zu streifen, ohne daran zu denken, dass sie gemäht werden müssten. Wenn wir im Garten häufiger das sehen, was ist, und nicht nur das, was sein sollte, öffnen wir der Achtsamkeit die Tür. Ich wünsche Ihnen viel Freude beim Entdecken Ihres eigenen, achtsamen Wegs durch das Leben vor und hinter dem Gartenzaun! ❀

Stefanie Syren

Aus der Nähe erschließt sich
die Schönheit einer Pflanze.

Frühling

Erste Blüten und zarte Triebe, die aus der braunen Erde spitzen, bekommen ungeteilte Aufmerksamkeit. Sie verwandeln unsere Vorfreude in Gewissheit. Die Jahreszeit des Aufbruchs und Neubeginns fängt an.

Die Sonne lässt das Weiß
der Märzenbecher leuchten.

Aufbruchstimmung

Die Vorfreude auf das kommende Gartenjahr richtet sich nicht nach
dem Kalender. Frühling ist dann, wenn wir spüren, dass die
Luft erfüllt ist von der Hoffnung auf erste Knospen und zartes Grün.

Meteorologen datieren den Beginn des Frühlings auf den ersten März, die Astronomen lassen noch knapp drei Wochen mehr verstreichen und diese Jahreszeit dann beginnen, wenn Tag und Nacht wieder gleich lang sind. Im Garten können und wollen wir gar nicht so exakt sein.

In manchen Jahren darf man schon im Februar daran zweifeln, ob dieser Monat wirklich komplett dem Winter zugeschlagen werden sollte oder sich hier nicht Winter und Frühling auf wunderbare Weise begegnen. Dieser eine magische Tag, an dem das Sonnenlicht ein wenig milder erscheint als gewöhnlich, ein Zitronenfalter durch die Luft flattert oder das Zwitschern der Blaumeise in die Ohren dringt, erzählt schon vom Frühling.

Spitzfindigkeit

Wer die Augen öffnet,
kann die Vielfalt der Pflanzenwelt
schon in den Triebspitzen erkennen.
Gehen Sie auf Entdeckungsreise
und betrachten Sie den Austrieb einer
Pfingstrose oder des
Rhabarbers. Sie lassen die
Kraft, die in den Pflanzen
steckt, erahnen.

Auf Entdeckungsreise gehen

Von jenem Tag an sind wir vom Tun beseelt und müssen doch noch vieles lassen. Ein umsichtiger Gärtner lässt sich nicht verführen und weiß genau, dass dieser Tag noch von vielen weiteren gefolgt wird, die dem Winter näher als dem Frühling sind. Oft fallen im April noch Schneeflocken in die Osternester. Natürlich können wir schon im Vorfrühling viel für unsere Pflanzen tun. Wir können das Laub von den Beeten rechen und durch vorsichtiges Lockern der Erde und erste Kompostgaben den Boden dabei unterstützen, sich zu erwärmen. Doch der langsame Übergang des Winters in den Frühling ist auch eine Zeit, die unsere Sinne schärft und uns die Augen für Kleinigkeiten öffnet.

Nach den Winterwochen scheinen die Augen besonders hungrig zu sein. In den Beeten ist vor allem nackte Erde zu sehen, doch gerade vor diesem Hintergrund tut das frische Grün, das sich hier und dort schon zeigt, besonders gut. Ausgerechnet jene beiden Pflanzen, deren volkstümliche Namen nach tiefstem Winter klingen, verkünden mit ihren Blüten sein baldiges Ende. Das erste Schneeglöckchen läutet die letzte Runde für die kalte Jahreszeit ein und die gelben Blütensterne des Winterlings holen die Sonne vom Himmel. Trotz dieser ersten Frühlingsboten kleidet sich der Garten überwiegend in Braun statt Grün. Und doch betrachten wir die Erde jetzt mit dem versöhnlichen Gefühl, dass ihre Kraft die Pflanzen mit jedem Tag ein Stück weiter Richtung Himmel wachsen lassen wird.

Jedem Anfang wohnt ein Zauber inne

Diese bekannte Zeile findet sich in Hermann Hesses 1941 verfasstem Gedicht »Stufen«. Er hat damals nicht über den Frühling geschrieben, sondern eine eher philosophische Betrachtung über das Leben. Seine Zeilen ermuntern, vergangene Lebensabschnitte ohne Groll hinter sich zu lassen, nach vorne zu sehen und die nächste Stufe des Lebens zu erklimmen. Vielleicht mögen wir den Lenz auch deshalb: Er ist die Jahreszeit des Neubeginns und des Aufbruchs. Der Frühling schenkt uns eine zweite Chance. Vergessen sind die Enttäuschungen, die wir im vergangenen Gartenjahr erlebt haben: Die zu spät ausgesäte Trichterwinde, die nicht mehr geblüht hatte, die auf den Kompost gesetzten Kürbisse, die über Nacht von Schnecken vertilgt wurden, und die in den Schatten gepflanzte Rose, die kränkelte. Wir möchten es in diesem Jahr besser machen und sind voller Tatendrang. Erfahrene Gärtner wissen, dass auch in dieser Saison nicht alles wie geplant wachsen wird, aber der Garten wird sich anders als im vergangenen Jahr entwickeln.

> *Mit einem tausendfachen zarten Puls steigt Leben aus dem Boden (...). Wir (...) lassen nicht mehr locker; eine neue Lebenskraft treibt uns an.*
>
> *(Karel Čapek)*

Manchmal motiviert uns der Frühling, auch im eigenen Leben Veränderungen anzugehen. Alte Gewohnheiten lassen sich besser über Bord werfen, wenn die Natur draußen förmlich zu explodieren scheint vor Energie. Auch neue Rituale lassen sich um diese Jahreszeit leichter einführen. Wie wäre es, wenn Sie sich angewöhnen, den Tag draußen zu beginnen? Gehen Sie in Ruhe durch den Garten und wählen Sie eine Pflanze, der Sie an diesem Morgen Ihre ungeteilte Aufmerksamkeit schenken. Öffnen Sie Ihre Augen für die Schönheit des Gewohnten und freuen Sie sich über die weichen Kätzchenblüten einer Weide, die schon seit Jahren im Garten wächst. Einige Wochen später entdecken Sie vielleicht eine Dichternarzisse und beugen sich zu ihr herab, um ihren Duft einzuatmen. Mit diesem Morgenritual begleiten Sie den Garten beim Aufwachen aus dem Winterschlaf und beginnen Ihren eigenen Tag entspannt und dennoch voller Energie. ❦

Achtsamkeit spüren: Im Frühling scheint der Garten wie ein verheißungsvolles Versprechen auf den Sommer. Wir merken, dass jeder Sonnenstrahl von den Pflanzen genutzt wird. Es tut gut, die Augen zu schließen und sich die Energie vorzustellen, die die Sonne den Pflanzen in diesem Moment schenkt. Dieser Gedanke kann uns ebenfalls stärken und mit Zufriedenheit erfüllen.

Mit unserer Hände Hilfe
wächst aus Kleinem Großes.

Frieden ist jeder Schritt.

Die strahlend rote Sonne ist mein

Herz. Jede Blüte lächelt mit mir.

Wie grün, wie frisch
alles ist, was wächst.

Wie kühl der Wind weht.

Frieden ist jeder Schritt.

Er verwandelt den endlosen Pfad

in Freude.

Thich Nhat Hanh

Die Blüte der Obstbäume läutet den Vollfrühling ein.

Natur statt Kalender

*Im Garten lässt sich nicht alles erzwingen. Viele Arbeiten
sollten erst dann erledigt werden, wenn der richtige Zeitpunkt dafür
gekommen ist. Die Natur hilft uns dabei, ihn zu bestimmen.*

Unser Alltag ist soweit wie möglich von den Unwägbarkeiten der Natur entkoppelt:
Wenn es draußen kalt ist, drehen wir die Heizung hoch, werden die Tage kürzer,
schalten wir das Licht an. Doch im Garten gibt uns die Natur den Rhythmus vor.

Der Schlüssel zu diesem Rhythmus liegt in der Phänologie. Sie beschreibt wieder-
kehrende Ereignisse der Natur und bestimmt die Jahreszeit nicht nach dem Datum, sondern nach dem Entwicklungsstand der Pflanzen. Wer sich daran orientiert, kann daraus
nicht nur praktischen Nutzen ziehen und die Arbeiten besser erledigen. Es macht Freude,
die Natur intensiver zu begleiten und eine größere Verbundenheit mit ihr zu spüren.

Die zehn Jahreszeiten

Endlich, das erste Schneeglöckchen. Im phänologischen Kalender
beginnt mit seiner Blüte der Vorfrühling und damit die Zeit, um
Beerensträucher in den Garten zu pflanzen. Blühen die Forsythien,
wird das nächste phänologische Kapitel, der Erstfrühling, auf-
geschlagen. Erfahrene Gärtner wissen, dass dann Zeit für den
Rückschnitt der Rosen ist. Mit der Apfelblüte beginnt der Vollfrühling und mit ihm die
Hochsaison im Garten. Selbst empfindliche Kübelpflanzen können nun zumindest
tagsüber an die frische Luft gesetzt werden. Es folgen Frühsommer, Hochsommer,
Spätsommer, Frühherbst, Vollherbst, Spätherbst und Winter. Wer die Zeichen der
Natur lesen lernt und die Jahreszeit nach dem phänologischen Kalender bestimmt,
gärtnert im Rhythmus der Natur und hat die Gewissheit, das jeweilige regionale Klima
zu berücksichtigen. ⚘

*Wir gärtnern, wenn die Zeit reif ist,
denn: Das Gras wächst nicht schneller,
wenn man daran zieht.*

(Sprichwort aus Afrika)

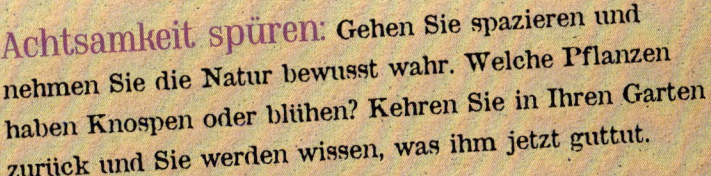

Achtsamkeit spüren: Gehen Sie spazieren und
nehmen Sie die Natur bewusst wahr. Welche Pflanzen
haben Knospen oder blühen? Kehren Sie in Ihren Garten
zurück und Sie werden wissen, was ihm jetzt guttut.

Jeder Spatenstich verbindet
uns mit dem Boden.

Den Boden bereiten

Was zuweilen als Schmutz bezeichnet wird, ist der Stoff, aus dem Gartenträume entstehen. Wer dem Boden ein wenig Aufmerksamkeit schenkt, wird ihn mit anderen Augen sehen und achten.

Auf den ersten Blick wirken jene braunen Hügel, die ein Maulwurf ans Tageslicht befördert, unspektakulär und auf einem frischgrünen Rasen vielleicht sogar störend. Tatsächlich befördern die Pelztiere aber einen Schatz an die Oberfläche, der voller Leben steckt und Leben entstehen lässt.

Für Liebhaber eines makellosen Rasens mag es ein schwacher Trost sein, aber gerade jene »Maulwurferde«, die wie ein Fehler im System auf dem grünen Teppich liegt, wird von Gärtnern als besonders hochwertiges und feinkrümeliges Substrat geschätzt. Maulwürfe wiederum gelten als Zeichen für einen intakten und lebendigen Mutterboden – jene oberste, rund 40 cm tiefe Schicht, die unseren Planeten wie eine Haut überzieht.

Eine Handvoll Erde

Auch wenn Sie normalerweise Gartenhandschuhe tragen, streifen Sie diese ruhig einmal ab und nehmen Sie ein wenig Erde in die Hände. Wie fühlt sie sich an? Versuchen Sie, die Krümel zu formen. Das entspannt und verrät Ihnen, ob Ihr Boden eher sandig oder lehmig ist.

Sich selbst erden

Der Gedanke, dass der Mutterboden unseren Pflanzen im Zusammenspiel mit Wasser und Sonnenlicht Kraft zum Leben und den Wurzeln Halt schenkt, kann auch uns mit Energie erfüllen. Zugleich sollten wir der unscheinbaren obersten Erdschicht mit dem Bewusstsein begegnen, dass sie im Laufe vieler Jahrtausende durch Verwitterung des Ausgangsgesteins entstanden ist und ein einziger Quadratmeter Boden viel über die Geschichte eines Ortes verrät. Wer diesen Boden bearbeiten möchte, sollte ihn kennen oder kennenlernen. Ist er sandig, lehmig oder tonartig? Lässt er sich leicht bearbeiten oder ist er verdichtet? Der Spaten oder die Grabegabel geben uns eine Antwort.

Umgraben oder nicht? Das gilt unter Gärtnern fast als eine Glaubensfrage, und wer dem Boden mit Achtsamkeit begegnet, möchte das gewachsene Gefüge eines intakten Bodens so wenig wie möglich stören. Viele Menschen greifen deshalb eher zur Harke oder zur Grabegabel statt zum Spaten, und manchmal erübrigt sich sogar dies: In einem dicht bepflanzten Beet wird es gar nicht oder selten nötig sein, die Erde zu lockern. Doch wer Rasen oder Brachland in ein Beet verwandeln möchte, wird zum Spaten greifen und den Boden umgraben – in Ruhe und bewusst, Scholle für Scholle. Nach getaner Arbeit tut es gut, das Neuland zu betrachten. Der Gedanke, dass man die Fläche vorbereitet hat, um auf diesem Stück Erde etwas Neues zu beginnen, erfüllt mit Zufriedenheit.

Sich vertraut machen

Egal, ob Sie den Boden umgegraben oder gelockert haben, nach der Arbeit werden Sie die Erde unter Ihren Füßen beurteilen können. Sie werden sich über jeden Regenwurm, der ans Tageslicht kam, gefreut haben. Regenwürmer sind Gärtnerfreunde und sorgen für eine lockere, krümelige Struktur der Erde. Vielleicht fiel das Umgraben auch ungewöhnlich schwer, weil Sie einen überwiegend lehmigen Boden haben. Solche Substrate müssen besonders sorgfältig bearbeitet werden, da sie zu Verdichtungen neigen und meist schlecht durchlüftet sind. Sie lassen sich durch das Einarbeiten von Sand etwas leichter und durchlässiger machen. Manchmal staut sich das Wasser auch, weil es gar nicht die Möglichkeit hat, abzufließen. Dann braucht der Boden eine fachmännische Drainage. Wenn Sie den Garten neu anlegen und die örtlichen Gegebenheiten noch nicht kennen, hilft ein Gespräch unter Nachbarn. Fragen Sie nach, welche Erfahrungen sie mit dem Boden gemacht haben, und hadern Sie nicht mit den bestehenden Verhältnissen. Auch vermeintlich schwierige Böden haben gute Eigenschaften: Ein schwerer Lehmboden muss selten gegossen werden und speichert die Nährstoffe besonders lange. Umgekehrt hat ein sandiger Boden den Vorteil, dass er sich leichter bearbeiten und genug Luft an die Wurzeln lässt. Damit dieses durchlässige Substrat das Wasser besser speichert, können Sie den Anteil der Tonmineralien erhöhen und diese zum Beispiel in Form von Bentonit einarbeiten.

Bei allem Fleiß und ob wir einen sandigen, tonigen oder den Idealtypus eines mittelschweren Lehmbodens bearbeitet haben: Wir sollten uns die Geschichte des Ortes bewusst machen. Jeder Boden ist im Laufe von Jahrtausenden entstanden. Wir können ihn Jahr für Jahr mit Kompost versorgen und das Bodenleben aktivieren. Das braucht Zeit, und wenn wir in diesem Bewusstsein mit dem Boden gärtnern und nicht gegen ihn kämpfen, werden wir die richtigen Pflanzen wählen. Wer das, was ist, annimmt, kann im Garten wie im Leben Zufriedenheit finden. ❦

> *Den Boden bearbeiten kostet Kraft und verbindet mit der Erde. Nach einem Tag am Computer tut es gut, den Spaten statt die Tastatur zu spüren.*

Achtsamkeit spüren: Ein hektischer Alltag macht uns zu Getriebenen. Wer immer auf dem Sprung ist, verliert den Boden unter den Füßen. Holen Sie sich die Basis wieder zurück und kommen Sie im Moment an. Gehen Sie barfuß hinaus, spüren Sie die Erde unter den Füßen. Nehmen Sie wahr, dass beide Beine fest und sicher auf dem Boden stehen und Sie dabei zur Ruhe kommen.

Bodenhaftung lässt sich
barfuß besonders gut spüren.

Bald werden diese Wurzeln in der Erde verankert sein.

Wurzeln schlagen

Wer sich mit dem Boden vertraut gemacht und ihn schon ein wenig gelockert hat, spürt Vorfreude. Endlich können Stauden und Gehölze gepflanzt und dieser Teil des Gartens gestaltet werden.

Wenn die Märzsonne den Boden vom Frost befreit hat, dürfen wir die meisten Stauden und Gehölze pflanzen. Selbst wer einen bereits gut eingewachsenen Garten pflegt, gönnt sich das ein oder andere neue Gewächs und freut sich darauf, seine Entwicklung durch die Jahreszeiten zu begleiten.

Natürlich wünschen wir uns, dass die Pflanzen gut gedeihen und mit den Jahren immer kräftiger werden. Deshalb werden wir mit der Natur arbeiten und nur jene Pflanzen wählen, die gut zu den Gegebenheiten im Garten passen. Selbst wenn Sie glauben, einen besonders schwierigen Standort zu haben, weil das Beet zum Beispiel im Schatten liegt, werden Sie überrascht sein, wie vielfältig die Auswahl geeigneter Pflanzen ist.

Bilder malen

Ein Beet mit feinkrümeliger Erde ist wie eine Leinwand. Hier können wir mit Pflanzen Kunstwerke schaffen oder schaffen lassen. Mit unseren Plänen und dem Einpflanzen machen wir nur den Anfang. Die Natur vollendet oder überrascht uns.

Sorgfältig wählen und kaufen

Ob wir ein ganzes Beet neu anlegen oder nur eine einzelne Pflanze setzen möchten, wir werden den Platz sorgfältig wählen und begutachten. Welche Bedingungen bieten wir unseren Schützlingen? Scheint die Sonne viele, wenige oder gar keine Stunde auf die Erde? In welchem Boden werden die Pflanzen wachsen? Die Antworten auf diese Fragen werden nicht nur helfen, die richtigen Arten zu finden, sondern auch den späteren Charakter der Pflanzung beeinflussen: Purpurfarben blühende Pflanzen können in einem sonnigen Beet eine magische Leuchtkraft entfalten und im Schatten eher traurig wirken. Dafür passen weiße Blüten und frischgrüne Blätter gut in eher dunkle Ecken des Gartens und fangen das wenige Licht dieses Standorts ein.

Vielleicht haben Sie das Glück, eine gute Gärtnerei in Ihrer Nähe zu haben. Wenn Sie nicht in Büchern nachschlagen möchten, welche Pflanzen in Ihrem Beet gedeihen werden, wird man es Ihnen hier sagen und manchmal auch in einem Schaugarten zeigen können. Genießen Sie das und verbinden Sie das Angenehme mit dem Nützlichen. Für mich ist der Einkauf von Pflanzen in einer nahe gelegenen Staudengärtnerei keine lästige Pflicht, sondern ein inspirierender Ausflug. Oft kehre ich mit Arten zurück, an die ich zu Hause gar nicht gedacht hatte, und ich bin gespannt, wie sie sich entwickeln werden. Meist wachsen sie an. Das raue Klima meines Gartens sind sie aus der örtlichen Gärtnerei gewohnt.

Mit Zuversicht pflanzen

Gärtner sind Optimisten oder haben zumindest Hoffnung in die Zukunft. Das gilt besonders für jene, die einen Baum pflanzen und wissen, dass es viele Jahre dauern wird, bis sie im Schatten des Laubdaches sitzen werden. Vielleicht werden erst nachfolgende Generationen seine stattliche Erscheinung erleben. Wie schön, dass es Menschen gab und gibt, die Bäume pflanzen, um damit andere zu erfreuen. Sich selbst haben sie damit ein Denkmal gesetzt, ohne sich auf einen Sockel zu stellen. Es muss keine Eiche sein, auch durch Stauden prägen wir einen Ort. Je nachdem wie früh im Jahr wir die Pflanzen gekauft haben, ist in den kleinen Kunststofftöpfchen oft noch nicht einmal ein Austrieb zu sehen. Und doch werden wir sie in die Erde setzen und darauf vertrauen, dass mit den ersten warmen Sonnenstrahlen frische Triebe sprießen werden.

Planst du für ein Jahr, so säe Korn. Planst du für ein Jahrtausend, so pflanze Bäume.
(Chinesisches Sprichwort)

Betrachten Sie den Platz, bevor Sie das Loch in die Erde graben. Stellen Sie sich vor, wie Sie diesen Ort verändern und Freude an seinem Anblick haben werden. Wenn Sie viele Pflanzen setzen möchten, legen Sie die Töpfe aus und begutachten Sie das Bild. Stimmen die Abstände zwischen den Pflanzen? Im Zweifel fragen Sie einen erfahrenen Gärtner um Rat. Ich hätte es vor ein paar Jahren auch nicht für möglich gehalten, aber eine einzige Funkie der Sorte 'Halcyon' füllt in meinem Vorgarten jeden Sommer mehr als einen Quadratmeter aus. Als ich sie vor ein paar Jahren im März gekauft habe, wollte ich drei Exemplare an diese Stelle pflanzen, doch der kundige, aber nicht geschäftstüchtige Gärtner hielt mich davon ab. **Lassen Sie sie wachsen und vertrauen Sie** geduldig der Kraft, die in vielen Pflanzen steckt.

Manchmal scheint uns der Garten im Frühling zu überfordern. Zu viele Arbeiten wollen erledigt werden. **Bleiben Sie gelassen.** Auch der Herbst ist eine ideale Pflanzzeit für Stauden und Gehölze. Entdecken und notieren Sie stattdessen im Frühling und Sommer jene Pflanzen, die Sie im Herbst in die Erde betten möchten. ❧

Achtsamkeit spüren: Betrachten Sie die Pflanzen aufmerksam, die Sie in die Erde gesetzt haben. Gießen Sie diese gut an und stellen Sie sich vor, wie die Wurzeln das Wasser aufnehmen und sich Tag für Tag besser im Boden verankern werden. Sie haben dafür gesorgt, dass die Pflanzen hier gedeihen. Freuen Sie sich über Ihre Spuren in der Erde und lassen Sie dieses Pflanzenbild wachsen.

Gut in den Boden gedrückt,
wächst die Pflanze gut an.

Die Samen sitzen wie kleine Kappen auf den Keimlingen.

Die Saat legen

Selbst professionelle Gärtner sind zuweilen gerührt, wenn sie
die ersten Keimblätter in den Aussaatschalen entdecken. Wie einfach
sich Samen zum Leben erwecken lassen, grenzt an Magie.

Aus kleinen Samen entwickeln sich großartige Pflanzen.
Diese Verwandlung fasziniert. Für eine Rosskastanie, die zu
einem stattlichen Baum heranwächst, gilt das ebenso wie
für die dunklen Pünktchen, die sich zu Mohn entwickeln. Es
tut gut, jedes Jahr aufs Neue darüber zu staunen.

Großes fängt oft im Kleinen an. Kaum etwas versinnbildlicht diesen Gedanken besser als ein Samen. Der Gedanke an die Kraft,
die in einem winzigen Korn steckt, kann auch uns Menschen
mit Energie erfüllen. Wir haben es in der Hand, den Weg zum
Wachstum zu ebnen. Alles, was wir und die uns anvertrauten
Samen dazu brauchen, ist Wasser, Licht, Erde und ein wenig
Wissen über die Bedürfnisse der jeweiligen Pflanzen.

Kleine Kraftpakete

Schon ein zweiter Blick auf
Alltägliches kann helfen,
im Moment anzukommen.
Betrachten Sie die unscheinbaren
Körnchen ganz in Ruhe,
bevor sie in der Erde verschwinden.
Manche, wie die Kerne der Bohnen,
zeigen je nach Sorte völlig
verschiedene Gesichter.

Die Reise ins Leben vorbereiten

Das Säen und anschließende Warten auf das erste kleine Keimblatt gehören zu den
schönsten Ritualen im Gartenjahr und es tut gut, die Aussaat entsprechend zu würdigen.
Die Aufzucht von Pflanzen braucht ihre Zeit und es ist viel einfacher, Setzlinge oder bereits
aufgezogene Pflanzen zu kaufen. Doch wer selbst sät, kann aus einer Vielfalt an Sorten
schöpfen, die im Topf nur schwer zu bekommen ist. Und wer mit Achtsamkeit sät, wird
vermeintliche Routinearbeit neu entdecken und schätzen lernen. Damit dies gelingt,
kann es nützlich sein – so merkwürdig es klingt –, sich von einigen Samen zu trennen.

Im Moment ankommen heißt auch, die Vergangenheit loszulassen. Das klingt nebulö-
ser, als es ist: Jahrelang habe ich meine Samentütchen in einem Schuhkarton aufbewahrt.
Uralte, nicht mehr keimfähige Samen lagerten dort Seite an Seite mit original verpackten
Neuheiten, Radieschen neben Ringelblumen, Blauer Scheinmohn neben Romanasalat.
Es war ein heilloses Durcheinander, ich hatte keinen Überblick und empfand die Aussaat
nicht als feierlichen Moment, sondern als lästiges Übel, weil es Setzlinge der Tomate
'Broad Ripple Yellow Currant' in meiner Stadt eben nicht zu kaufen gibt. Das hat sich ge-
ändert: Altes Saatgut durfte auf dem Kompost zu guter Erde werden, Gemüse- und Blu-
mensamen bewahre ich übersichtlicher in getrennten Boxen auf und doppelte Tütchen
habe ich verschenkt. Derart erleichtert, macht die Aussaat wieder mehr Freude.

Die Zutaten sorgfältig wählen

Keimfähige, übersichtlich gelagerte und vielleicht auch hübsch verpackte Samen sind gute Voraussetzungen, um mit Vorfreude auf Blätter und Blüten, die daraus entstehen mögen, zu säen. Ebenfalls wichtig: eine feinkrümelige Aussaaterde, die Sie auch selbst herstellen können. Mischen Sie dazu einem reifen, gesiebten Kompost rund ein Drittel Sand bei. Wenn Sie wärmebedürftige Pflanzen im Wohnzimmer vorziehen, spielt die Optik eine größere Rolle: Statt der üblichen Plastikhaube könnten sie eine Glasglocke über die Aussaaten stellen. Diese traditionellen »Cloches« haben ihren Preis, gehören aber zu jenen Dingen, die schön und zweckmäßig sind. Nach dem Einsatz als Zimmergewächshaus können sie als Haube für Käse oder Kuchen verwendet werden.

Aussäen heißt warten lernen. Die ersten Keimblätter erfüllen uns mit Freude und lassen die Kraft der kleinen Körner spüren.

Sie haben alle Zutaten in guter Qualität besorgt? Dann suchen Sie sich einen Tisch oder die Arbeitsplatte der Küche und räumen Sie alles weg, was ablenken könnte. Sorgen Sie dafür, dass Sie Freiraum zum Arbeiten haben und sich ganz auf die Aussaat konzentrieren können. Legen Sie nur die Dinge, die Sie brauchen, vor sich hin. Wenn Sie Tomaten vorziehen möchten, bereiten Sie nur diese Samen vor. Alle anderen bleiben in der Saatgutkiste, bis die Zeit für sie reif ist. Legen Sie die Samen in der jeweils richtigen Tiefe in die Erde. Manche Samen, wie die des Basilikums, müssen nicht abgedeckt werden. Mit einer Kelle oder einem Holzbrettchen glätten Sie die Oberfläche mit sanftem Druck. Samen und Erde verbinden sich. Mit dem abschließenden vorsichtigen Gießen ebnen Sie den Samen den Weg zur Pflanze.

Manche Arten können direkt ins Beet unter freiem Himmel gesät werden. Wählen Sie einen windstillen Tag, der Ihnen gute Bedingungen zum Arbeiten und den Samen einen optimalen Start bietet. Bereiten Sie den Körnern ein feinkrümeliges Beet vor. Blenden Sie alle anderen Gartenarbeiten aus und öffnen Sie stattdessen Ihre Sinne für die Sonne auf der Haut oder das Zwitschern der Vögel. 🌷

Achtsamkeit spüren: Blicken Sie auf die vorbereitete Arbeitsfläche und nehmen Sie einige Samenkörner in die Hand. Betrachten Sie die Saat in Ruhe und legen Sie die Körner bewusst in die Erde. Wenn die Aussaat beendet ist, treten Sie einen Schritt zurück und machen sich ihre eigene, sehr schöne Rolle bewusst: Sie haben die Weichen für den Weg vom Samen zur Pflanze gestellt.

Manchmal beschenkt uns die Natur mit vielen Sämlingen.

Der **Keimling** sprießt dann, wenn die **Zeit gekommen** ist und die Naturgesetze einsetzen. An dieser Stelle begreifst du demütig die **Ohnmacht** des Menschen. Dir wird bewusst, dass **Geduld** die **Mutter der Weisheit** ist.

Karel Čapek

Aus diesem kleinen Steckling
entsteht eine neue Pflanze.

Wundersame Vermehrung

Wer sät, wird ernten. Manchmal endet die Aussaat mit einer Überraschung. Doch für Stauden gibt es Alternativen. Wer identische Nachkommen wünscht, kann sie teilen oder Stecklinge schneiden.

Man nehme ein Messer, schneide einen Trieb ab und stecke ihn in die Erde. Oder man greife zum Spaten, trenne eine Staude beherzt in mehrere Teile und pflanze sie wieder ein. Was brutal klingt, führt in aller Regel zum Erfolg. Die Vielfalt der Vermehrung fasziniert, und es macht Freude, neue Pflanzen in die Welt zu setzen.

Der Rittersporn lässt uns die Wahl. Wir können ihn aussäen und werden sehr viele und zum Teil unterschiedliche Sämlinge erhalten. Wenn wir Stecklinge von ihm schneiden, erhalten wir hingegen Nachkommen, die identisch mit der Mutterpflanze sind. Gleiches gilt für die Teilung eines großen Stocks. Für welche Form der Vermehrung wir uns entscheiden, ist nicht nur eine Geschmacksfrage. Wir sollten die Staude genau ansehen.

Faszinierende Lebenskraft

Wenn wir eine Staude teilen möchten, sollte sie bereits gut in der Erde verwurzelt sein und einen kräftigen Horst mit vielen Trieben gebildet haben. Meist sind das Exemplare, die schon einige Jahre an dieser Stelle wachsen und vielleicht im Laufe der Zeit ein wenig »blühfaul« geworden sind. Pflanzen wie der Nelkenwurz tut das rigorose Trennen mit dem Spaten sogar gut. Wenn wir die Teile wieder neu und mit etwas Abstand in die Erde gepflanzt haben, werden sie vitaler wachsen und blühen als zuvor. Auch das Schneiden der Stecklinge kann die Mutterpflanze positiv beeinflussen: Ich habe ein mehrjähriges Basilikum, das keine Samen bildet, aber sich leicht aus Stecklingen vermehren lässt. An der Stelle, wo ich den Steckling abschneide, verzweigt es sich und wächst buschiger und schöner. Der Steckling wiederum begnügt sich mit einem Glas Wasser und ich bewundere jedes Jahr, wie aus dem Stängel feine, weiße Wurzeln wachsen. 🌿

Vermehren Sie Ihre liebsten Pflanzen und verschenken Sie diese an Freunde. So hinterlassen Sie schöne Spuren in anderen Gärten.

Achtsamkeit spüren: Betrachten Sie eine Pflanze, die Ihnen am Herzen liegt, und überlegen Sie, welche Art der Vermehrung für sie angemessen ist. Freuen Sie sich darauf, dass Sie ihren Bestand im Garten sichern werden.

Manchmal schneiden wir,
um einen Strauß zu ernten.

Gut abschneiden

Egal, ob hin und wieder oder regelmäßig: Die meisten Gewächse profitieren, wenn wir einige Teile der Pflanze mit Schere, Säge oder Messer entfernen. Und auch uns kann diese Arbeit guttun.

Wenn es um den Rückschnitt einer Pflanze geht, fällt es manchmal schwer, zur Tat zu schreiten. Vielleicht, weil wir das Gefühl haben, ein Lebewesen zu verletzen und in den Lauf der Natur einzugreifen? Und überhaupt: Kann man wirklich mit Achtsamkeit einen Ast absägen?

Zugegeben, gerade dieses Thema lässt sich mit wertenden Wörtern beschreiben, die achtsames Gärtnern und den Rückschnitt als einen Widerspruch in sich erscheinen lassen. Doch wir säbeln und verstümmeln nicht sinnlos, sondern haben ein bestimmtes Ziel vor Augen, und vielleicht stimmt dieser Gedanke versöhnlich: Auch der schönste Garten entsteht nur durch unser Eingreifen und als Zusammenspiel von Mensch und Natur.

Gedanken schärfen

Alte Zöpfe abschneiden, das tut im Garten ebenso wie im Leben gut. Fühlen Sie, wie Sie sich nach dem Rückschnitt von Stauden und Gräsern auch selbst aufgeräumt und offen für Neues fühlen? Gut so. Nutzen Sie diese Energie und starten Sie durch oder erfüllen Sie sich einen lange gehegten Wunsch.

Mit der Schere das Gartenjahr eröffnen

Erst unsere Arbeit macht aus der Natur einen Garten. Ohne menschliches Zutun würden an den meisten Standorten Mitteleuropas Wälder wachsen. Auch viele Pflanzen sind durch züchterisches Bemühen um besonders hübsche oder ertragreiche Sorten entstanden. Gärtnern bedeutet, in den Lauf der Natur einzugreifen, ob wir es mit der Harke, der Gießkanne oder eben der Schere tun. Die jeweiligen Gründe für einen Rückschnitt sind verschieden und die Wirkung, die wir mit der Gartenschere erzielen, ebenfalls.

Machen wir uns den Einstieg in dieses sensible Thema so leicht wie möglich: Eine der ersten Tätigkeiten des Jahres, das Abschneiden abgestorbener Halme und Samenstände der Gräser und Stauden nach dem Winter, fällt leicht. Während der kalten Jahreszeit waren sie mit Raureif überzuckert hübsch anzusehen, dienten Insekten als Unterschlupf und der Pflanze selbst als Frostschutz. Nun haben sie ihren Zweck erfüllt und dürfen entfernt werden. Wenn wir die trockenen Stängel in die Hand nehmen und kurz über dem Boden abschneiden, haben wir nicht das Gefühl, die Pflanzen zu verletzen. Bei einigen Arten wie der Fetthenne sind schon die winzig kleinen Triebe für das kommende Gartenjahr zu sehen. Dieser Schnitt gibt uns das gute Gefühl, durch das Entfernen abgestorbener Pflanzenteile Platz gemacht zu haben. Das Sonnenlicht kann nun bis zum Boden vordringen und ihn langsam, aber sicher erwärmen.

Die Kandidaten kennenlernen

Selbst wer sich sicher ist, dass ein Rückschnitt die meisten Pflanzen in ihrer Entwicklung fördert, zögert manchmal aus Angst, einen Fehler zu machen. Meist reicht ein wenig Wissen über den Lebenszyklus der jeweiligen Pflanze aus, um Enttäuschungen zu vermeiden: **Frühjahrsblühende Sträucher** wie die Forsythie haben ihre Blütenknospen schon im vergangenen Jahr gebildet. Deshalb werden sie nach der Blüte geschnitten. Bei einem Rückschnitt im zeitigen Frühjahr würde man die Knospen entfernen und dann vergeblich auf die Blüten warten. Das ist schade, doch nicht weiter schlimm. Mit dem Wissen um den richtigen Zeitpunkt wird man es im nächsten Jahr besser machen.

Ein guter Koch hat kein stumpfes Messer und auch dem Gärtner geht die Arbeit mit scharfen Klingen leichter und sauberer von der Hand.

Bei Zierpflanzen schneiden wir kranke, abgestorbene und alte Triebe ab, um die Blühfreudigkeit anzuregen oder eine schöne Wuchsform zu erzeugen. Bei Obstgehölzen steht die Ernte und nicht die Ästhetik im Mittelpunkt und doch gehen wir ähnlich vor. Geschnitten werden sie meist an der Schwelle des Spätwinters zum Vorfrühling. Die Zeit der Starkfröste ist dann vorüber, doch die Pflanzen treiben noch nicht aus. Auch hier entfernen wir kranke, vergreiste oder über Kreuz wachsende Äste und spüren, wie wir **den Weg für neue Triebe frei machen.** Wir sehen, dass die Äste wieder mehr Sonnenlicht bekommen und die Früchte deshalb süßer schmecken werden. Und wir werden uns schon wenige Wochen nach dem Schnitt über die Blüte freuen und merken, dass Nutzen und Schönheit gut zusammenpassen.

Natürlich gibt es auch jene **Pflanzen, die gar keinen Schnitt brauchen.** Eine Zaubernuss wächst langsam und würde durch die Gartenschere in ihrer Entwicklung begrenzt statt gefördert. Und der etagenförmige Wuchs des Japanischen Schneeballs lässt sich mit der Astsäge nicht verbessern. Es macht Freude, den Wuchs solcher Pflanzen zu beobachten und zu erkennen, dass es manchmal gut sein kann, etwas sein zu lassen. ❦

Achtsamkeit spüren: Treten Sie einen Schritt zurück und betrachten Sie das Gewächs, das Sie zurückschneiden möchten. Überlegen Sie, welche Pflanzenteile Sie entfernen werden und warum sie das tun. Fühlen Sie, wie das Werkzeug in Ihrer Hand liegt. Betrachten Sie die Pflanze nach dem Schnitt erneut und machen Sie sich bewusst, dass sie sich dank Ihrer Arbeit gut entwickeln wird.

Genau hinschauen und die
Schere in der Hand spüren.

Die Blätter zeigen, dass die Rose Mineralstoffe braucht.

Den Garten versorgen

Unabhängig davon, ob die Pflanzen gerade in die Erde gesetzt wurden oder schon lange im Garten verwurzelt sind – wir möchten, dass sie gut gedeihen und die nötigen Nährstoffe aufnehmen können.

Es ist fast egal, was wir tun: Der Garten lehrt uns, ganzheitlich zu denken. Wenn wir Pflanzen düngen möchten, beschäftigen wir uns zunächst mit dem Boden. Denn eigentlich kümmern wir uns um die Fruchtbarkeit des Bodens, damit die Wurzeln der Pflanzen alles bekommen, was sie für ein gutes Gedeihen brauchen.

Bevor Sie den Tisch für Ihre Pflanzen decken, nehmen Sie sich ein wenig Zeit für sie. Wählen Sie einen Tag, an dem Sie Muße haben – vielleicht den Sonntagvormittag –, und gehen Sie durch den Garten. Schenken Sie den Pflanzen Aufmerksamkeit. Wachsen sie kräftig und gesund? Vielleicht haben Sie die Fruchtbarkeit Ihres Bodens schon angeregt: Wer regelmäßig Kompost auf die Beete bringt, hat die Pflanzen oft schon ausreichend mit Nährstoffen versorgt und zugleich das Bodenleben aktiviert. Dann ist eine zusätzliche

Düngergabe gar nicht notwendig. Manchmal hilft ein Dünger auch gar nicht weiter. Viele Gartenböden bieten sogar zu viel des Guten und enthalten reichlich Stickstoff oder Phosphat. Trotzdem kann es sein, dass den Pflanzen etwas fehlt. Eine Rose, die in einem nährstoffreichen Boden wächst, kann trotzdem gelbe Blätter zeigen. Man mag vielleicht zu einem Stickstoffdünger greifen – in der Annahme, ihr damit Gutes zu tun und den Boden mit diesem für die Blattbildung wichtigen Nährstoff zu versorgen. Doch es lohnt sich, genau hinzusehen und **auf die Signale der Pflanze** zu achten. Wenn die Blattadern der Rose grün sind, fehlen der Pflanze womöglich Mineralstoffe und es ist sinnvoller, sie mit einem Bodenhilfsstoff wie zum Beispiel einem Urgesteinsmehl zu versorgen.

Der Regen als Verbündeter

Manchmal kann die Ursache für eine kümmernde Pflanze auch am Standort liegen. Ist der Sonnenhut vielleicht versehentlich in ein schattiges Beet gepflanzt worden? Dann wird auch eine noch so gut gemeinte Düngergabe nicht helfen, ein Umzug auf die Südseite des Hauses durchaus. Erst wenn wir den richtigen Platz für die Pflanzen gefunden haben, können wir sie gut versorgen. Ob organisch oder mineralisch, egal wie und womit Sie Ihre Pflanzen ernähren möchten: Achten Sie auf den Wetterbericht und düngen Sie nach Möglichkeit vor Niederschlägen. Die Regentropfen werden die Nährstoffe gut im Boden verteilen.

Auch Pflanzen können den Boden verbessern und Nährstoffe speichern. Im Gemüsegarten ist es üblich, einem Teil der Fläche regelmäßig eine Pause zu gönnen. Auf ungenutzte Beete wird eine Gründüngermischung gesät. Die Pflanzen hinterlassen ein feinkrümeliges Beet. Dem Gärtner schenken diese unkomplizierten Mischungen ebenfalls eine Pause – auch im Ziergarten. Vielleicht möchten Sie eine neue Staudenrabatte anlegen und haben noch keine Idee gefunden? Dann wählen Sie eine dieser Mischungen und lassen Sie die meist einjährigen Pflanzen für sich arbeiten. Legen Sie das Beet dann an, wenn die Zeit dafür reif und der Boden gut vorbereitet ist. ❁

Die Schönheit einer Pflanze ist wie Nahrung für unsere Seele. Wenn wir sie ein wenig umsorgen, beschenken wir uns selbst.

Achtsamkeit spüren: Einen Garten zu pflegen, bedeutet zu geben und zu nehmen: Der Anblick einer Mohnblüte erfüllt uns mit Freude und frisch gepflückte Beeren zergehen auf der Zunge. Es tut gut, diesen Gewächsen etwas zurückzugeben. Selbst wenn wir entscheiden, dass sie keinen Dünger brauchen, versorgen wir sie mit einer lebenswichtigen Zutat: unserer Aufmerksamkeit.

Bewahre mich
vor der Angst,
ich könnte das Leben
versäumen. Gib mir nichts,
was ich mir wünsche, sondern
was ich brauche.
Lehre mich die Kunst der
kleinen Schritte.

Antoine de Saint-Exupéry

Moment-Aufnahme

Den Frühling einatmen

Anfang und Neubeginn. Keine Jahreszeit ist mit so viel Hoffnung und Energie verbunden wie der Frühling. Es tut gut, diese Kraft und Aufbruchstimmung einige Minuten auf sich wirken zu lassen.

Einen Ort finden Ich gehe hinaus und sehe mich um. Welche Pflanze zieht mich besonders an und lässt mich den Frühling spüren? Ein Strauch, der seine Knospen zeigt, ein blühender Obstbaum oder die Triebspitzen erster Stauden? Ich lasse mich vom Moment leiten und nähere mich dieser Pflanze langsam und Schritt für Schritt.

Sich selbst spüren Wie fühle ich mich gerade? Bin ich unruhig oder entspannt, traurig oder gut gelaunt, müde oder erfrischt? Ich nehme wahr, wie es mir geht, ohne es zu bewerten, und nehme eine Haltung ein, die mir guttut: Ich kann mich auf den Boden stellen oder setzen. So wie es dem Moment und dem Wetter angemessen ist.

Der Atem als Anker Nun schließe ich die Augen und atme drei Mal bewusst ein und aus: Wenn ich einatme, atme ich ein, wenn ich ausatme, atme ich aus. Sonst nichts. Wenn meine Gedanken über Zukünftiges und Vergangenes wiederkommen, nehme ich das wahr, ohne es zu werten. Mein Atem wird mir dabei helfen, wieder in den Moment zurückzukehren. Nun bin ich bereit und bei mir angekommen.

Die Umgebung spüren Ich spüre, wie die Frühlingsluft beim Einatmen durch meine Nasenflügel zieht. Wenn ich meine Hände hebe und wieder sinken lasse, merke ich, wie diese Luft meine Haut streift und meinen ganzen Körper umgibt. Erzählt sie noch von der Kälte des Winters oder trägt sie schon ein wenig Sonnenwärme in sich?

Die Sinne schärfen Ich höre das Zwitschern der Vögel und konzentriere mich ganz auf den Gesang eines einzelnen Vogels. Ich muss nicht wissen, ob ich einer Amsel oder einer Meise lausche. Ich höre einfach zu. Wenn ich ein Flugzeug, ein Auto oder Stimmen höre, nehme ich diese Geräusche wahr, ohne ihnen einen Begriff zuzuordnen.

Sich herantasten Ich strecke meine Hände nach der Pflanze aus, die vor mir wächst. Fühle ich raue Rinde, zarte Halme oder spitze Knospen? Ich lasse meine Augen geschlossen und spüre den Kontakt meiner Finger mit dieser Pflanze.

Ein Gedankenbild malen Nun wende ich mich in Gedanken der Pflanze zu, die ich gewählt habe, und stelle sie mir vor. Habe ich sie schon einmal in Ruhe betrachtet? Ich öffne meine Augen und sehe wieder diese Pflanze vor mir. Ist es die gleiche, die ich in Gedanken vor mir sah? Ich betrachte ihren Wuchs und nehme wahr, dass ihre Gestalt von der gleichen Frühlingsluft wie mein Körper umgeben ist.

Der Atem als Ausstieg Wieder nehme ich drei tiefe Atemzüge. Ich atme ein und aus. Sonst nichts. Ich fühle die innere Ruhe und bin im Frühling angekommen.

Der Frühling zieht nicht einfach vorüber. Wenn unsere Sinne den Moment wahrnehmen, kommen wir im Frühling an.

Sommer

Die Sonne steht hoch am Himmel und
spendet viel Licht und Wärme. Wir spüren
das und sind zuweilen überwältigt vom
Wachstum der Pflanzen. Der Garten kann
jetzt viel geben, wenn wir zu nehmen wissen.

Fällt es Ihnen leicht, sich auf eine Blüte zu konzentrieren?

In der Fülle schwelgen

*Der Sommer schenkt uns ein Gefühl von Freiheit und den Wunsch,
so viel Zeit wie möglich draußen zu verbringen. An warmen Tagen
lässt sich die Sehnsucht nach Einheit mit der Natur leicht stillen.*

Wenn die Tulpenkelche aus den Beeten verschwunden sind und der Holunder seine Blüten geöffnet hat, beginnen jene Tage, an denen der Frühling in den Sommer übergeht. Die Natur scheint vor Kraft zu strotzen und die Bäume tragen endlich wieder ihr dichtes, sattgrünes Blätterkleid.

Auch der Garten hat innerhalb weniger Wochen sein Gesicht verwandelt. In den Beeten sind aus zarten Trieben kräftige Pflanzen gewachsen. Im Frühling denke ich immer, viel Platz für neue Stauden zu haben, und staune jeden Sommer aufs Neue darüber, wie dicht bewachsen sich die Beete präsentieren. Von besonders wüchsigen Arten wie dem Frauenmantel entferne ich jedes Jahr einige Exemplare, ohne es als Verlust zu empfinden.

Mit Muße

Manche Momente können
wir uns nur im Sommer schenken:
aue Luft auf der Haut spüren,
im Gras liegen und die Wolken
vorbeiziehen lassen.
Schmetterlinge beobachten.
Eine Erdbeere pflücken und
genießen, wie ihre Süße
den ganzen Mund erfüllt.

Üppigkeit verführt zum Übersehen

Im Garten wird nicht mehr nach ersten Knospen gesucht. Der Beginn des Sommers bietet stattdessen so viel auf einmal, dass wir zuweilen gar nicht wissen, wohin wir zuerst schauen sollen. Der Höhepunkt der Rosenblüte im Juni wird von Stauden begleitet und überzieht viele Gärten mit Rosa-, Lila- und Blautönen. Doch belässt es der Sommer nicht dabei, etwas fürs Auge zu bieten: Frisch gepflückte Kirschen lassen uns schmecken, warum wir diese Jahreszeit so lange ersehnt haben, und an warmen Tagen liegt der Duft der Rosen in der Luft. **Der Sommer zeigt sich spendabel** und verwöhnt alle Sinne. Es macht Freude, in dieser Jahreszeit zu schwelgen und die Fülle an Eindrücken zu genießen.

Für den achtsamen Gärtner ist diese Jahreszeit dennoch herausfordernd. Während es im Vorfrühling ein Leichtes ist, die ersten Blüten mit Wertschätzung zu betrachten, verführt die Fülle des Sommers dazu, achtlos statt achtsam an der Schönheit der Pflanzen vorüberzugehen. Es tut gut, dem Selbstverständlichen mit Achtung zu begegnen. Die Blüte einer Ringelblume mag uns nichts wert erscheinen, weil wir uns um sie nicht bemühen mussten und sich diese Pflanze Jahr für Jahr selbst aussät. Ebenso das Blatt eines Ahorns, der schließlich zahllose davon trägt. Trotzdem erfüllt der genaue Blick auf eines seiner Blätter mit Dankbarkeit und Ruhe. **Der Sommer bietet zahllose Chancen,** den Zauber des Alltäglichen zu entdecken, und es tut gut, auch nur eine davon zu nutzen.

Respekt vor dem Alltäglichen

Das wertschätzende Betrachten von scheinbar Selbstverständlichem kann uns auch jenseits des Gartenzauns glücklicher machen. Wer die Schönheit der Ringelblume und des Ahornblattes wahrnimmt, wird vielleicht auch einen anderen Blick auf sein Leben werfen: Hat unser Alltag auch ein kleines Stück Sommer, in dem vieles fast wie von selbst gut läuft? **Im Garten wie im Leben neigen wir zum Verbessern** des Bestehenden. Das liegt vielleicht in der Natur des Menschen und hat viele Vorteile. Dennoch erfüllt dieser Drang manchmal mit Unzufriedenheit. Dann tut es gut, zu erkennen, wie viel Positives uns jeder Tag schenkt. Wenn wir uns am Abend ein paar Minuten Zeit nehmen und uns die guten Momente des vergangenen Tages verinnerlichen, werden wir auch an Menschen denken, die mit manchen Momenten verbunden sind. Wenn wir ihnen das nächste Mal begegnen, könnten wir ihnen mehr Aufmerksamkeit und Wertschätzung schenken. Wir könnten ihre Gegenwart in Zukunft als Geschenk wahrnehmen. Auch unter unseren Mitmenschen gibt es Ringelblumen, die nicht viel von uns erwarten und doch viel geben. Wer das erkennt, kann sich selbst und seine Mitmenschen glücklich schätzen.

> *Der Sommer gibt sich großzügig und verwandelt vermeintliche Makel des Gartens in Pluspunkte. Schattige Ecken werden zu Oasen der Frische.*

Der Sommer ermuntert, auch gut zu uns selbst zu sein und die Fülle nicht als Überfluss, sondern als Einladung zum Genießen zu verstehen. Kräuter schmecken um diese Jahreszeit besonders aromatisch. Ein frisch gebrühter Minz-Tee erfrischt an heißen Tagen und man nimmt es diesem üppig gedeihenden Gewächs nicht mehr übel, dass es einen an Unkraut erinnernden Ausbreitungsdrang hat. Die mühsam gegen Schnecken verteidigten Salatköpfe im Gemüsegarten sind sicher kein Unkraut und doch können sie ab dem Sommer als Last empfunden werden. Sie »schießen«, bilden Knospen und sollten vor der Blüte verzehrt werden. Wir müssen nicht mehr Salat essen, als uns lieb ist, sondern könnten **einen Teil der Fülle verschenken**. Wenn wir merken, dass unser Salat von anderen geschätzt wird, werden wir nicht mehr denken, zu viel davon gesät zu haben. Wir verwandeln einen vermeintlichen Fehler in eine kleine Quelle der Freude. ❧

Achtsamkeit spüren: Wenn unsere Augen von der Fülle an Eindrücken verwöhnt werden, können wir unsere Sinne schärfen, indem wir die Lider schließen und die Ohren für den Garten öffnen. Zwitschern die Vögel anders als im Frühling? Summen Bienen und Hummeln im Blumenbeet? Schenken zirpende Grillen die Gewissheit, dass der Sommer den Weg in den Garten gefunden hat?

Wie kleine Sonnen leuchten
die Blüten des Mutterkrauts.

Gleich wird der Samen
des Löwenzahns abheben.

Unkraut anerkennen

Schon das Wort Unkraut weckt falsche Erwartungen. Es lässt den Eindruck entstehen, dass Pflanzen in gute und böse unterteilt wären und das böse Unkraut aus dem Garten verbannt werden müsste.

Wenn das so einfach wäre, hätte sich unter Gärtnern im Laufe der Jahre nicht die neutrale Bezeichnung »Beikraut« entwickelt. In der Natur gibt es keine schlechten Pflanzen und im Garten bestenfalls unerwünschte, die wir nicht gepflanzt haben.

Dottergelb blühende Blumen im Voralpenland, im Hintergrund sind die noch schneebedeckten Gipfel der Berge zu sehen. Kaum ein Spaziergänger, dem beim Anblick einer Löwenzahnwiese nicht das Herz aufgehen würde. Zu Hause im eigenen Garten wird aus dem Spaziergänger wieder ein Gärtner und dieser wird den Löwenzahn aus dem Rasen ausstechen. Unkraut ist nicht gleich Unkraut. Es kommt darauf an, wo wir einer Pflanze begegnen. Stört sie oder gefällt sie uns? Unkraut verunsichert und durchkreuzt Pläne.

Alles hat zwei Seiten

Manchmal tauscht eine Pflanze die Rollen innerhalb des Gartens: Das Ruprechtskraut (Geranium robertianum) jäte ich im Staudenbeet, lasse es im schattigen Vorgarten aber wachsen und freue mich über jede rosafarbene Blüte. Ähnlich ergeht es mir mit der Brennnessel, die ich jäte – außer in einer kleinen Ecke am Gartenzaun. Dass sie dort gedeihen darf, liegt nicht an ihren unscheinbaren Blüten, sondern daran, dass ich mich über jeden Schmetterling freue. Die Raupen des Tagpfauenauges ernähren sich von Brennnesselblättern. Wäre der Garten etwas größer, würde ich dem vermeintlichen Unkraut mehrere Quadratmeter reservieren und ausprobieren, ob es ebenso wie der Giersch in der Küche wie Spinat verwendet werden kann. Beim Giersch ist mir die Umdeutung zur Nutzpflanze übrigens nicht gelungen. Spinat schmeckt mir besser, aber das ist reine Geschmacksache. Ebenso wie die Definition von (Un-)Kraut. Sie liegt in uns selbst. 🌱

Woran erkennen wir Unkraut? Die Antwort liegt im Auge des Betrachters. Was Unkraut ist, entscheiden wir selbst.

Achtsamkeit spüren: Betrachten Sie die Pflanze, die Sie jäten möchten. Vergessen Sie, was Sie über sie wissen, und betrachten Sie nur diese Momentaufnahme. Wie sieht sie aus? Blüht sie gerade? Gefällt sie Ihnen?

Mit jeder Handvoll Unkraut
wächst die Zufriedenheit.

Jäten heißt aufräumen

Vielleicht sehen Sie das ein oder andere Unkraut nun mit anderen Augen und lassen manches an einigen Stellen wachsen. Trotzdem wird das Jäten Routinearbeit im Garten bleiben – zum Glück.

Im Umgang mit spontaner Vegetation muss jeder seinen eigenen Weg finden. Wenn eine Pflanze dort wächst, wo wir es nicht möchten, und wir ihr trotz liebevoller Betrachtung keinen Platz im Garten einräumen können oder wollen, ist es völlig in Ordnung, sie zu entfernen.

Bleiben Sie souverän und entscheiden Sie selbst, welche Pflanzen Sie jäten möchten. Es kann auch Pflanzen treffen, die Sie selbst angepflanzt haben. Frauenmantel *(Alchemilla mollis)* kann sich sehr gut vermehren. Manchmal müssen Teile davon wieder entfernt werden, damit konkurrenzschwächere Pflanzen eine Chance haben. Akzeptieren Sie das und sehen Sie das gelegentliche Entfernen von Pflanzen als Routineaufgabe.

Selbsterkenntnis

Beobachten Sie, mit welchem Gefühl Sie Unkraut begegnen. Macht Sie der Anblick einer Ackerwinde aggressiv? Verständlich. Dennoch hilft Sanftmut weiter: Wer mit Wut an Pflanzen zieht, reißt Wurzeln ab. Wer achtsam jätet, wird die ganze Pflanze aus der Erde ziehen.

Was unerwünschte Pflanzen verraten

Unkraut als Botschafter: Wenn ein Teil des Gartens von Unkraut dominiert wird, kann das daran liegen, dass wir einfach keine Zeit zum Jäten hatten. Vielleicht zeigt uns das Unkraut aber, dass wir uns dort gar nicht gerne aufhalten. Ist das so? Dann könnten wir das Unkraut als Hinweis verstehen, der Ursache auf den Grund zu gehen. Wir könnten diese Stelle verändern und wieder wertschätzen. Unkraut kann uns darauf hinweisen, dass wir uns diesem Ort und auch uns selbst wieder mit mehr Achtsamkeit zuwenden sollten. Wenn eine schattige Ecke des Gartens zur Gerümpelkammer für ausgediente Töpfe geworden und von Goldnesseln überwuchert ist, könnten wir die Töpfe wegräumen und die Goldnesseln jäten. Wir werden den Ort mit anderen Augen sehen, plötzlich Platz für eine Bank haben, die im Sommer zum Lieblingsplatz werden könnte. Wir könnten Farne und Funkien pflanzen. Wir könnten uns diesen Ort wieder aneignen. Das Jäten wäre der erste Schritt für diesen Neubeginn und hätte Energie in uns geweckt.

Manchmal erhalten wir beim Jäten konkrete Informationen: Wenn Sie Brennnesseln oder Löwenzahn jäten, wissen Sie zugleich, dass Ihr Boden genug Stickstoff enthält und keine weiteren Gaben dieses Nährstoffes braucht. Schachtelhalm wiederum deutet auf einen verdichteten Boden hin, der mit Sand oder Kies aufgelockert werden könnte. Wer im Unkraut einen Botschafter sieht, kann ihm mit größerer Gelassenheit begegnen.

Machen Sie es sich leicht

Das Jäten gehört für viele zu den lästigen Pflichten des Gärtnerdaseins. Manchmal erscheint es ähnlich sinnlos wie das Staubwischen im Wohnzimmer. Beides, Staub wie Unkraut, ist so schnell wieder da. Und doch ergibt das Entfernen des Unkrauts Sinn. Machen Sie sich bewusst, warum Sie das tun: Die verbliebenen Pflanzen werden nach dem Jäten wieder mehr Licht und Nährstoffe zur Verfügung haben. Und wir selbst? Wir könnten das Unkrautjäten als Pflege für uns selbst verstehen. Als Tätigkeit, die unseren Geist erfrischt und den Kopf frei macht. Der Anblick einer frisch gejäteten Fläche erfüllt mit Zufriedenheit. Manche Gärtner gehen bewusst zum Unkrautjäten, wenn sie eine wichtige Entscheidung treffen müssen – in der Hoffnung während dieser kontemplativen Tätigkeit die richtige Eingebung zu bekommen. Damit wir einen ähnlich positiven Zugang finden, sollten wir uns das Jäten so angenehm wie möglich machen. Das richtige Werkzeug kann dazu beigetragen, die Freude am Jäten zu entdecken. Bei mir ist es eine zweizackige Unkrautgabel, die ich mir auf einem Gartenfestival gekauft habe. Ein Profi hatte mir das nicht gerade günstige Werkzeug schon Jahre zuvor empfohlen, doch ich musste erst einige billige Löwenzahnstecher aus dem Supermarkt zerstören, bis ich mir das gute Stück gönnte. Mittlerweile weiß ich, dass Gertrude Jekyll seinerzeit ein ähnliches Utensil benutzte. Allein dieser Gedanke adelt das Jäten für mich seitdem ein wenig. Mindestens genau so wichtig wie das Werkzeug, ist der richtige Zeitpunkt. Ist die Erde nach einem Regentag gut durchfeuchtet, lassen sich die Wurzeln mit Leichtigkeit herausziehen. Schrittweises Arbeiten tut ebenfalls gut: Nehmen Sie sich eine kleine Fläche vor und freuen Sie sich, wenn Sie diese Fläche geschafft haben.

Vermeiden statt Jäten: In dicht bepflanzten Beeten mit polsterbildenden Stauden wie dem Storchschnabel findet Unkraut keine guten Wachstumsbedingungen und es kann durchaus sein, dass Sie ab Mai nur noch selten zur Unkrautgabel greifen werden. 🌱

> *Unkraut jäten tut gut. Mit jeder Pflanze, die wir aus der Erde ziehen, machen wir im Beet und im Kopf Platz für neue Ideen.*

Achtsamkeit spüren: Betrachten Sie die Fläche, die Sie jäten möchten. Konzentrieren Sie sich während der Arbeit auf die einzelne Pflanze. Je mehr Geduld und Aufmerksamkeit Sie ihr widmen, umso leichter werden Sie sie aus der Erde entfernen können. Nehmen Sie den Punkt wahr, an dem der Widerstand der Wurzeln gebrochen ist und sie sich mit Leichtigkeit herausziehen lassen.

Das Beikraut in Ruhe
an der Wurzel packen.

Eine Stütze begleitet die Stockrose durch den Sommer.

Laufende Pflege

Im Frühling und Herbst spüren wir nach einem Tag im
Garten manchmal Muskelkater. Das kommt im Sommer seltener vor.
Die kleineren Aufgaben bestimmen den Alltag im Arbeitskalender.

Regelmäßig heißt im Garten: täglich hinschauen und anstehende Aufgaben erledigen. Größere Aktionen wie das Umsetzen des Komposts stehen meist nicht an, stattdessen begleiten wir die Pflanzen achtsam durch die warme Jahreszeit.

Bei der Pflege im Sommer kleine Schritte zu gehen, tut nicht nur den Pflanzen, sondern auch uns selbst gut. Zumindest an heißen Tagen betrachten selbst leidenschaftliche Gärtner die Pflanzen lieber von einem beschatteten Liegestuhl aus, als zur Tat zu schreiten. Aufmerksames Beobachten ist um diese Jahreszeit ohnehin wichtig. Denn abgesehen vom Gießen oder Rasenmähen erschließen sich viele Arbeiten nicht auf den ersten Blick.

Verantwortung übernehmen

Viele der Pflanzen, die wir im Frühling auf den Weg gebracht haben, brauchen im Sommer unsere Unterstützung – manchmal auch im wörtlichen Sinne: Hochwachsende Arten wie die Stockrose werden an Bambusstäben oder anderen Stützen festgebunden und trotzen so Regenschauern oder Wind. Andere Pflanzen wachsen ohne unser Zutun zu so dichten Beständen heran, dass sie ein wenig ausgelichtet werden. Wir sorgen auf diese Weise dafür, dass auch konkurrenzschwache Pflanzen genug Sonne und Nährstoffe bekommen. Mit der Pflege beschenken wir uns. Das wird besonders deutlich, wenn wir Stauden, die ein zweites Mal blühen können, direkt nach der ersten Blüte zurückschneiden. Katzenminze, Staudensalbei und viele andere belohnen diese Maßnahme mit einer Nachblüte im Spätsommer. Für die Pflanze ist dieser Schnitt zwar nicht nötig, doch wir machen uns damit selbst eine Freude. ✿

*Die Zeit, die du für deine Rose
verloren hast, sie macht deine
Rose so wichtig.*

(Antoine de Saint-Exupéry)

Achtsamkeit spüren: Machen Sie das Ausputzen der Rosen zum Ritual: Betrachten Sie die Pflanze und schneiden Sie Verwelktes ab. Blüte für Blüte. Denken Sie daran: Mit jedem Schnitt schenken Sie frischen Knospen Kraft.

Es gibt auch diejenigen,

die pflanzen. (...) Doch anders

als ein Gebäude hört ein Garten

niemals auf zu wachsen. Und da er

die Aufmerksamkeit des

Gärtners immer fordert, kann für

denjenigen, der pflanzt, das Leben

ein großes Abenteuer sein.

Paulo Coelho

Eine Kiste Staudenschätze
in den Händen der Gärtnerin.

Achtsamkeit leben

Im Gespräch mit der Staudengärtnerin Anja Maubach

Anja Maubach hat gelernt, die Dinge so zu nehmen, wie sie sind. Ihr Urgroßvater Georg Arends hat die Staudengärtnerei, die sie heute leitet, 1888 in Wuppertal-Ronsdorf gegründet. Sie selbst wuchs auf dem Gärtnereigelände auf. Der Wunsch, wie ihre Mutter Staudengärtnerin zu werden und wie ihr Vater Gartenarchitektur zu studieren, wuchs so selbstverständlich heran wie die Pflanzen, die sie umgaben. Sie verwirklichte beides, verbrachte ein Gesellenjahr in England und absolvierte das Studium der Landschaftsarchitektur in Freising-Weihenstephan. Eigentlich hatte sie davon geträumt, eines Tages in England zu leben. Doch es ist, wie es ist, und ihr Urgroßvater hatte sich für seinen Betrieb einen klimatisch rauen Flecken vor den Toren des Bergischen Landes ausgesucht. Also kehrte sie zurück nach Wuppertal, zurück zu ihren Wurzeln, übernahm die Gärtnerei 1998 und pflegt dort einen sehr persönlichen, achtsamen Umgang mit den Pflanzen.

Ein Gartenspaziergang im Mittsommer

Es ist der längste Tag des Jahres. »Englischer Gartensonntag« in der Gärtnerei Arends. Anja Maubach hat sich eine Rose ins Haar gesteckt und wartet am Eingang der Gärtnerei auf jene Besucher, die mit ihr über das Gelände spazieren möchten. Das Wetter passt und zeigt sich britisch: bewölkt, Regen ist laut Wetterbericht mehr als wahrscheinlich und es ist gefühlt ein bisschen zu kalt für die zweite Junihälfte. Der Sonnenhut mit breiter Krempe muss heute zu Hause bleiben. Sicher werden heute weniger Besucher als bei Sonnenschein kommen. Doch wer das Glück im Garten finden möchte, nimmt auch das Wetter, wie es ist. So hält es auch die Gärtnerin: Pünktlich um 11.30 Uhr läutet sie die Glocke und begrüßt ihre Gäste.

»Ich habe im Mondkalender nachgesehen. Derzeit sind ideale Tage zum Pflanzen und dann soll auch noch Regen dazu kommen. Ein perfekter Tag heute.« Das steckt an. Wenn das Wetter heute den Pflanzen offensichtlich guttut, hebt das auch die Stimmung der Besucher. Aufmerksam folgen sie der Staudengärtnerin, die vor einer *Rosa helenae* stehen bleibt. Die Rambler-Rose rankt in eine Kiefer hinein und hängt mit ihren von Blüten übersäten Trieben hoch über den Köpfen der Besucher. *»Hören Sie das Konzert?«*, fragt Anja Maubach in die Runde. Tatsächlich, auch wenn die meisten es nicht wahrgenommen hatten — jetzt dringt das Summen zahlloser Bienen und Hummeln in die Ohren, die an diesem Sonntag trotz Nieselregen den Weg in die ungefüllten Blüten der Rose gefunden haben. Manche schließen kurz die Augen, hören dem Summen zu und folgen den Gartengedanken der Pflanzenkennerin. *»Genau das sind die kleinen Momente, die uns der Garten schenken kann. So wie hier und heute das Sonntagskonzert der Bienen. Daran denken wir vielleicht noch am Montag, wenn wir morgens aufstehen und in die Woche starten. Jeder findet seine eigene Balance im Garten und das kann für jeden etwas anderes sein. Es ist ganz einfach so: Je leiser, je klarer und je aufgeräumter wir sind, desto empfänglicher sind wir hierfür«*, erzählt sie und deutet auf die vom Summen der zahllosen Bienen erfüllte Rambler-Rose.

> *Jeder findet seine eigene Balance im Garten und das kann für jeden etwas anderes sein.*

Ein Stück Gebirge in Wuppertal

Die immer größer werdende Gruppe, die sich dem Spaziergang angeschlossen hat, folgt Anja Maubach weiter in Richtung des Wohnhauses. Zurück zu den Wurzeln der Familie und in einen Gartenteil, der zu Beginn des 20. Jahrhunderts angelegt wurde. Dort, in der »Felspartie« ließ ihr Urgroßvater Georg Arends aus Grauwackensteinen des Bergischen Landes eine Miniatur-Berglandschaft in das Gelände modellieren: Ein Bach plätschert, Farne und Felsen schmiegen sich in das Gelände, eine stattliche Blutbuche überragt den Garten, Rhododendren säumen den Weg. Der Garten wirkt in diesem Teil wie eine Landschaft und das Haus fügt sich wie ein Gast in diese Landschaft ein. Man spürt, dass in diesem Fall Haus und Garten zusammen geplant worden sind, und wünscht sich, dass dieses Prinzip auch in der Gegenwart wieder häufiger verwirklicht werden würde. Die Gartengäste bleiben stehen, blicken auf das Haus und genießen die Selbstverständlichkeit, mit der es sich an die Felsen schmiegt. Anja Maubach tritt einen Schritt zur Seite, knipst die rosafarbene Knospe einer Lorbeerrose ab und hält sie neben ihr Kinn. »*Ein hübscher Ohrring, oder?*« Wieder knipst sie einen kleinen Schatz aus dem Gehölz, dessen Wuchsform ein wenig an einen Rhododendron erinnert. Diesmal eine Blüte, die sich, anders als die Knospe, in Weiß und mit purpurfarbenen Staubgefäßen zeigt: »*Und das hier wäre doch ein wunderbarer Lampenschirm.*« Einige Besucher scheinen in Gedanken die Pendelleuchte über dem Esstisch durch ein übergroßes Exemplar dieser *Kalmia-latifolia*-Blüte zu ersetzen, als die Staudengärtnerin fortfährt: »*Ich will Ihnen damit einfach nur zeigen, wie unglaublich schön und perfekt die Natur ist. Wenn wir hinschauen und uns auf sie einlassen, nehmen wir das auch wahr. Verstanden?*« Die Zuhörer nicken vergnügt und scheinen zu wissen, dass sie das gar nicht so schulmeisterlich meint, wie es sich anhören mag.

> *Die Natur ist ein guter Lehrmeister, wenn es darum geht, loszulassen und sich immer wieder neu zu erfinden oder Neues zu beginnen.*

Vorbei am Wohnhaus folgt ein kleiner Zeitsprung: Vom Garten des Urgroßvaters führt der Weg hinauf in den Garten der Urenkelin. Hier hat Anja Maubach, inspiriert von Vita Sackville-Wests Garten in Sissinghurst, den Traum von einem Garten in Weiß verwirklicht. Die Rabatte wirkt wie ein vom Himmel gefallenes Stückchen England und ist sorgfältig komponiert. Anja Maubach scheint zu merken, wie gut das Beet den Besuchern gefällt: »*Solche Bilder können nur entstehen, wenn wir wirklich neu anfangen und Bilder malen. So eine englische Border sieht nur nach etwas aus, wenn wir großzügig denken und die Pflanzen wie Schauspieler auf einer Bühne inszenieren. Wenn wir immer nur Lücken stopfen, wird das nix. Die Natur ist ein guter Lehrmeister, wenn es darum geht, sich immer wieder neu zu erfinden oder Neues zu beginnen.*« Die Gartengäste scheinen das vor einer langen Eibenhecke gelegene Beet mit einer Mischung aus Bewunderung und Ratlosigkeit zu betrachten. Ob ein Stück England auch im eigenen Garten verwirklicht werden könnte? Die Gärtnerin scheint die Gedanken ihrer Besucher lesen zu können.

Es kommt auf die innere Haltung an

Den Weg aus der Ratlosigkeit muss jeder selbst finden, Patentrezepte möchte Anja Maubach bewusst keine geben. Eher ermuntern, einen eigenen Weg zu gehen, die Wahrnehmung zu schulen und das Wort »pflegeleicht« aus dem Wortschatz zu streichen. Dann kann jeder die Freude am Gärtnern entdecken: »*Egal, was ich mache, ich muss es gerne machen. Wenn ich nicht gerne gärtnere, fällt nichts im Garten leicht, und wenn ich etwas gerne tue, ist alles leicht. Gärtnern macht Spaß. Es hat nichts mit Arbeit zu tun. Es ist Hingabe.*« Natürlich weiß auch sie um die Realität und einige Besucher scheinen sich, ähnlich wie ich, ertappt zu fühlen. Zu oft wird der Garten nicht als Geschenk, sondern als

Filigrane Leichtigkeit
in der Staudengärtnerei.

Pflicht zwischen vielen anderen erlebt: Staubsaugen, Fenster putzen, Terrasse kehren und dann ist da auch noch der Garten. Wird er aber geliebt, geht man gerne hinein und gärtnert dort, weil es Freude macht. Das wird man dem Garten dann auch ansehen. Dinge zu tun, weil man es *möchte,* und nicht, weil man es *muss,* kommt als zentrale Botschaft dieses Spaziergangs an. **Die eigene innere Haltung ist wichtig, im Leben wie im Garten.** Anja Maubach wendet sich wieder an ihre Gartengäste: *»Als ich heute Morgen aus dem Fenster gesehen habe, hätte ich auch sagen können: ›So ein Mistwetter. Heute kommen bestimmt nur wenige Leute zu mir.‹ Aber wenn ich dankbar aus dem Fenster schaue und mich darüber freue, diese Stunde hier und heute mit Ihnen zu teilen, ist das gleich etwas ganz anderes. Ich mache diesen Spaziergang ja nicht, weil ich muss, sondern weil ich diesen Ort gerne mit Ihnen teile.«*

> *Wenn ich etwas gerne tue, ist alles leicht. Gärtnern macht Spaß. Es hat nichts mit Arbeit zu tun. Es ist Hingabe.*

Es kann durchaus passieren, dass Anja Maubach bei einem Gang durch den Garten keinen einzigen Pflanzennamen erwähnt und mit den Besuchern stattdessen die Freude am Gärtnern und an den Pflanzen teilt. Die meisten ihrer Gäste wissen das und kommen genau deshalb. Und weil auch sie weiß, dass im Garten manchmal ein einfacher Anfang den Einstieg erleichtert, bringt sie doch noch eine Pflanze ins Spiel: *»Naja, und wenn man so gar keine Idee hat, kann man immer noch rechts und links Katzenminze pflanzen.«* Sie lächelt und muss nichts mehr sagen: Ein langer Weg in Sichtweite der Besucher ist von Katzenminze der Sorte 'Walkers Low' gesäumt. Sie steht gerade in voller Blüte und wird von Bienen und Hummeln umschwärmt – **das zweite Konzert** an diesem Tag.

Achtsamkeit ist keine Frage der Zeit

Nach dem Spaziergang geht jeder seinen eigenen Weg. Manche haben sich im Café selbst gebackenes Shortbread gekauft und bummeln mit einem Keks in der Hand durch die Gärtnerei. Die Botschaft, den Garten zu genießen, ist bei ihnen angekommen. Am späten Nachmittag, die Gärtnerei hat wieder geschlossen, nimmt sich Anja Maubach Zeit für ein Gespräch im Freien. Mittlerweile scheint sogar die Sonne. Viele Fragen habe ich nicht mehr. Dass sie achtsam gärtnert, versteht sich nach diesem Spaziergang von selbst.

Ein »Englischer Gartensonntag« lockt viele Menschen in die Gärtnerei und will vorbereitet sein. Haben Sie heute Momente der Achtsamkeit erlebt?

»Den ersten Rundgang durch den Garten mache ich ja allein, lange bevor die ersten Besucher hierherkommen. Da habe ich die Gärtnerei ganz für mich. Die Achtsamkeit fängt für mich schon damit an, dass ich dabei barfuß gehe. Das können auch Ungeübte: Auf den Fußsohlen zu gehen bedeutet im Hier und Jetzt anzukommen und jeden Schritt achtsam zu setzen. Ich bin noch nie beim Barfußgehen gestolpert. Die Zeit, alleine und in Ruhe durch die Gärtnerei zu gehen, habe ich mir auch heute genommen.«

Achtsamer zu leben sehen viele Menschen als Privatsache, unabhängig vom Beruf. Ist es schwierig, einen Betrieb wie diese Gärtnerei mit Achtsamkeit zu führen?

»Ich weiß nicht, ob es schwierig ist, aber ich lasse mich bei meinen Entscheidungen nicht immer von Zahlen leiten. Der Pflanzenversand hat zum Beispiel immer mehr Zeit gefordert. Das ist kostbare Zeit, die uns allen hier für die Pflanzen fehlt. Also habe ich beschlossen, die Pflanzen nicht mehr zu verschicken. Ich möchte mich vom Versand einfach nicht mehr ablenken lassen und freue mich, wenn die Menschen hierherkommen, die Pflanzen in die Hand nehmen und sie ansehen, bevor sie die Stauden kaufen. Für mich war dieser Schritt wichtig, um die Freude an meiner Arbeit zu erhalten.«

Prioriäten setzen und herausfinden, was wichtig ist, kann schwierig sein. Meist wollen wir zu viel. Vor ein paar Jahren sind Sie in den Himalaja gereist. Stimmt es, dass Sie dort »nur« den Blauen Scheinmohn sehen wollten? (Wer das klare Blau dieser Pflanze kennt, weiß, dass das Wort »nur« in diesem Fall völlig unangebracht ist.)

»Ja, das war tatsächlich so. Ich wollte diese Pflanze so gerne am Naturstandort sehen und bin dankbar dafür, dass ich ihr dort tatsächlich begegnen durfte.« Vielleicht lässt sich Glück besser finden, wenn wir wissen, was wir uns wirklich wünschen. 🌱

Weiße Blüten holen frische Lichtreflexe in den Garten.

Mohnblüten zeigen sich nur kurz und dafür umso schöner.

Im Augenblick aufblühen

Wenn eine Pflanze ihre Blütenblätter entfaltet, fasziniert sie mit Anmut und Kraft gleichermaßen. Die Vergänglichkeit ihrer Schönheit lädt uns ein, einer Blüte ungeteilte Aufmerksamkeit zu schenken.

Nichts bleibt, wie es ist. Im Leben wie im Garten. Das gilt Tag für Tag, und kaum ein Teil einer Pflanze verdeutlicht uns den steten Wandel so anschaulich wie die Blüte: Sie öffnet sich, erblüht, welkt und wird zu Erde, die neue Blüten nähren wird.

Das Werden und Vergehen einer Blüte erinnert daran, wie wichtig es ist, in der Gegenwart zu leben. Gedanken über das Gestern und Morgen lenken uns oft vom Zauber des jetzigen Augenblicks ab. Wenn wir an einem Sommermorgen die himmelblaue Blüte einer Prunkwinde entdecken, sollten wir zu ihr gehen und uns über diesen Anblick freuen. Am Nachmittag wird sie in sich zusammengefallen sein.

Pure Lebensfreude

Manche Pflanzen scheinen ihre ganze Kraft in ihre Blüte zu stecken, als ob es kein Morgen gäbe. Manchmal gibt es das tatsächlich nicht und dennoch sollten wir uns die Freude an dieser Blüte nicht mit dem Gedanken an ihr Verblühen verderben. Es tut gut, im kräftigen Rot des Klatschmohns zu baden, das warme Orange einer Sonnenbraut zu tanken oder sich am strahlenden Weiß einer Ballhortensie zu erfrischen. Das achtsame Betrachten einer Blüte tut nicht nur gut, sondern lehrt uns die Schätze der Gegenwart wahrzunehmen. **Wenn wir im Hier und Jetzt leben,** erkennen wir die Schönheit einer Blüte und freuen uns über Kleinigkeiten: Die Knitterfältchen, die eine gerade aufgegangene Klatschmohnblüte im Gegenlicht der Morgensonne zeigt. Die Iris, die einen weichen, gelben Pelz trägt. Die Madonnenlilie, deren Staubgefäße schwerelos zu tanzen scheinen. Faszinieren sie nicht gerade wegen ihrer Vergänglichkeit? ❧

Es gibt überall Blumen, für den, der sie sehen will.

(Henri Matisse)

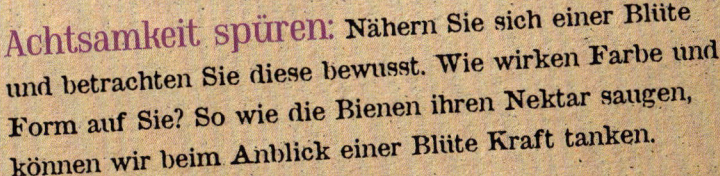

Achtsamkeit spüren: Nähern Sie sich einer Blüte und betrachten Sie diese bewusst. Wie wirken Farbe und Form auf Sie? So wie die Bienen ihren Nektar saugen, können wir beim Anblick einer Blüte Kraft tanken.

Schon der Anblick der Rose,
lässt an ihren Duft denken.

Einatmen und abtauchen

Düfte treffen uns mitten ins Herz — manchmal ganz überraschend.
Auch nach vielen Jahren wecken Düfte Erinnerungen und berühren.
Im Garten können wir mit der Nase auf Entdeckungsreise gehen.

Der Gang durch den Garten gehört zu den schönsten Ritualen im Tagesablauf. Morgens sieht er anders aus als abends, heute anders als morgen. Meist lassen wir uns von den Augen lenken, doch der Duft der Pflanzen erweitert unsere Wahrnehmung.

Der Atem ist unser wichtigster Verbündeter, wenn es darum geht, mit Achtsamkeit durch das Leben und den Garten zu gehen. Wie ein Anker lässt er uns in der Gegenwart ankommen. Wenn wir mit der Luft einen angenehmen Duft einatmen, fällt es leicht, Vergangenheit und Zukunft auszublenden. Manchen Pflanzen müssen wir uns nähern, damit wir in den Genuss ihres Duftes kommen, andere verströmen ihr Odeur großzügig.

Im Moment versinken

Der Duft einer Pflanze kann wichtiger sein als ihre Blüte. 'Gertrude Jekyll' wächst dank ihres intensiven Blütendufts in vielen Gärten, deren Besitzer das Pink ihrer Blüten eigentlich gar nicht mögen. Doch diese Englische Rose duftet so intensiv, dass selbst in Gedanken versunkene Menschen plötzlich innehalten, um an einer ihrer Blüten zu riechen. Einige Arten verlangen von uns ein wenig mehr Mühe. Den Duft einer Iris werden wir nur genießen können, wenn wir uns zu ihr herabbeugen. Andere Pflanzen verströmen ihre ätherischen Öle großzügiger, wenn wir sie berühren: Der Duft eines einzigen Salbeiblatts lässt unsere Hände duften, wenn wir daran reiben. Es tut gut, duftende Arten dort zu pflanzen, wo wir ihnen begegnen können: Am Rand des Weges, am Hauseingang oder in Töpfen auf der Terrasse. Dort wirken sie für uns wie eine tägliche Einladung zum Innehalten und lassen uns den Augenblick genießen. ❦

Duftende Pflanzen lehren uns, dass Äußerlichkeiten nicht alles sind, wenn wir ein Lebewesen wirklich kennenlernen möchten.

Achtsamkeit spüren: Gehen Sie zu einer Pflanze, deren Duft sie mögen. Schließen Sie die Augen, blenden Sie Äußerlichkeiten dieser Pflanze aus. In diesem Augenblick atmen Sie nur und nehmen den Duft wahr. Das ist alles.

Wo fängt die Wurzel an,
wo hört der Stamm auf?

Einen Baum begleiten

Was ist schon ein Tag oder eine Stunde, wenn wir in die Krone einer alten Linde blicken? Einen Baum zu betrachten, heißt, die Zeit anders zu betrachten, als sie lediglich mit einer Uhr zu messen.

Seit Jahrtausenden sind Bäume für den Menschen mehr als Stämme mit Wurzeln, Ästen und Blättern. In der Mythologie wurden Menschen in Bäume verwandelt und man muss nicht an Märchen glauben, um die Aura eines Baumes wahrzunehmen.

Allein der Gedanke an die Zeit, die ein alter stattlicher Baum gebraucht hat, um seine Größe zu erreichen, erfüllt mit Demut. Wie viele Stunden mag die Sonne auf die Blätter geschienen haben, wie viele Liter Wasser mögen durch seine Blattadern geströmt sein? Ein Baum verbindet uns auch mit anderen Menschen: Wer mag sich schon in seinem Schatten ausgeruht oder unter seinem Blätterdach Schutz gesucht haben?

Verbundenheit und Zuversicht

Manchmal gehört zu einem Baum eine Geschichte. Vielleicht wurde die Linde von unserem Großvater gepflanzt oder wir haben sie selbst aus einem ganz bestimmten Anlass in die Erde gesetzt: zur Hochzeit, zur Geburt eines Kindes oder aus einem anderen persönlichen Grund. Ein Baum verbindet uns mit der Vergangenheit und lässt uns doch die Gegenwart intensiv spüren. Ihn zu betrachten, kann beruhigen: Wie vielen Stürmen mag ein knorriger Apfelbaum schon getrotzt haben? Doch er öffnet seine Blüten im Frühling aufs Neue, als hätte es kein Gestern gegeben. In vielen Gärten ist heute kein Platz mehr für Bäume. Doch wir können uns in der Landschaft einen Baum suchen, den wir durch die Jahreszeiten begleiten. Wir können ihn bei Spaziergängen besuchen und seine Kraft und Ruhe spüren. Falls das eigene Leben gerade ein wenig stürmisch oder unruhig erscheint, schenkt sein Anblick die Gewissheit, dass diese Zeit vorübergehen wird. ❦

*Bäume sind Gedichte,
die die Erde in den Himmel schreibt.*
(Khalil Gibran)

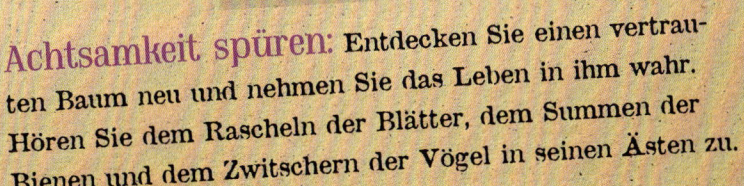

Achtsamkeit spüren: Entdecken Sie einen vertrauten Baum neu und nehmen Sie das Leben in ihm wahr. Hören Sie dem Rascheln der Blätter, dem Summen der Bienen und dem Zwitschern der Vögel in seinen Ästen zu.

Es wartet in der **Natur** das, was wir erhoffen. Es warten da **Schätze, die alles übertreffen,** was wir erhoffen können. Es wartet auch eine viel größere **Freiwilligkeit der Natur** in der Darbietung ihrer Schätze (...)

Karl Foerster

Ein Wasserhahn, der fast wie ein Kunstwerk wirkt.

Der Garten tankt auf

Wasser ist eine Quelle des Lebens. Im Sommer, wenn im Garten die meisten aufwendigen Arbeiten erledigt sind, steht oft die folgende Frage im Mittelpunkt: Bekommen meine Pflanzen genug Wasser?

Ein verregneter Sonntag im Sommer. Ein ganz normaler Tag, schließlich regnet es zwischen Juni und August in Mitteleuropa statistisch besonders reichlich. Trotzdem wirken Regentage auf manche Menschen wie Fehler im System, stören die Wochenendplanung und schlagen aufs Gemüt.

Dabei geht es auch anders. Im Umgang mit vermeintlich schlechtem Wetter unterscheiden sich gärtnernde und nicht gärtnernde Menschen voneinander. Wer nach tagelanger Trockenheit und sommerlicher Hitze durch den Garten geht, wird bemerken, wie hart der Boden geworden ist. Er wird jeden Regentropfen als Geschenk des Himmels begrüßen und sich Gewitter für den Garten und das eigene Gemüt wünschen.

Tropfen spüren

Wie ein Kind in eine Pfütze
hüpfen und sich darüber freuen,
wie rechts und links das Wasser spritzt.
Warum nicht?
Oder den Regenschirm einklappen
und das Gesicht
Richtung Himmel recken.
Sich erfrischt und
lebendig fühlen.

Wohltuendes Wasser von oben

Es mag übertrieben klingen, doch für einen gärtnernden Menschen kann sich das Wetter noch intensiver auf die Stimmung auswirken, als allgemein üblich. Nach dem fünften Tag Sonnenschein und 30 Grad in Folge kann ich mich mitunter nicht mehr uneingeschränkt über den Traumsommer freuen und denke unweigerlich an Funkien und Farne, Rosen und Rittersporn. Ob sie Durst haben? Hoffnungsvoll blicke ich dann Richtung Westen und suche nach ersten Anzeichen für dunkle Regenwolken. Wenn ich dann, manchmal erst mitten in der Nacht, das Prasseln der Regentropfen an den Fensterscheiben höre, freue ich mich nicht nur über das beruhigende Geräusch, sondern kann gut weiterschlafen: Jetzt tanken die Pflanzen auf, am nächsten Morgen wird die Erde getränkt sein.

Regenrituale erfrischen und machen Freude. Mit Gummistiefeln und Schirm durch den Garten gehen, die auf Blätter prasselnden Tropfen wahrnehmen und sich dabei vorstellen, wie der Boden das Wasser aufsaugt – das entspannt und gibt zugleich das gute Gefühl, dass unsere Pflanzen wieder versorgt werden. Vielleicht haben Sie sogar einen überdachten Platz, eine Bank oder einen Stuhl, von dem aus Sie den Garten auch bei Regen betrachten können. Nehmen Sie sich Zeit, einfach nur da zu sein und Ihre Sinne für Ihren Garten zu öffnen. Sehen Sie, wie das Wasser von den Sträuchern tropft, und hören Sie, wie die Vögel nach dem Regen langsam wieder ihre Stimmen finden und zwitschern.

Gedanken über das Gießen

Wenn Wasser so guttut und der Garten nach einem Regenschauer so erfrischt wirkt, dann sollte ein achtsamer Gärtner zumindest im Sommer täglich zur Gießkanne oder dem Schlauch greifen, oder? Stimmt, er könnte das tun, allerdings nur, wenn das Gießen eine Tätigkeit ist, die ihm allergrößtes Vergnügen bereitet. Ansonsten wird er so selten wie möglich gießen. Nicht aus Sparsamkeit, sondern in der Gewissheit, seinen Pflanzen damit Gutes zu tun. **In Pflanzen steckt mehr Kraft,** als wir vermuten. Wer einen lehmigen Boden hat, der Wasser gut speichern kann, muss seinen Garten nur selten oder gar nicht gießen. Die Pflanzen werden dann lange Wurzeln ausbilden und sich Wasser aus tieferen Erdschichten erschließen. Selbst vermeintlich durstige Pflanzen wie die Tomaten können auf diese Weise erstaunlich lange Trockenperioden überstehen. **Haben Sie Zutrauen** in Ihre Pflanzen und gießen Sie deshalb so selten wie möglich und dafür so ausgiebig, dass der Boden bis in die tieferen Erdschichten mit Wasser getränkt wird.

*Zweimal gehackt
ist einmal gegossen.*
(Altes Gärtnersprichwort)

Es klingt merkwürdig, doch es kann durchaus sein, dass Sie im Sommer öfter zur Hacke als zur Gießkanne greifen werden. Wenn Sie nach einem Regenschauer **den Boden lockern,** werden die Kapillarbahnen unterbrochen und die Verdunstung reduziert. Sie sorgen auf diese Weise dafür, dass mehr Feuchtigkeit im Boden verbleibt. Im Idealfall ist die Oberfläche in Ihrem Garten im Sommer gar nicht mehr nackt, sondern bewachsen, und ein Hacken weder möglich noch nötig. Wo die schützende Pflanzendecke fehlt, können Sie mit einer dünnen Mulchschicht, zum Beispiel aus Rasenschnitt, **den Boden bedecken** und so ebenfalls dafür sorgen, dass weniger Wasser verdunstet. Mit der Zeit werden Sie ein Gefühl dafür bekommen, ob der Garten zusätzlich zum Regen Wasser braucht oder nicht. Im Gemüsegarten wird das häufiger der Fall sein und bei Topfpflanzen, die nur wenig Substrat zur Verfügung haben und keine tieferen Wurzeln bilden können, mitunter sogar täglich. Wählen sie zum Wässern Ihrer Pflanzen die frühen Morgenstunden vor der Mittagshitze oder den Abend. ❧

Achtsamkeit spüren: Falls Sie mit Leitungswasser gießen, bereiten Sie das Wässern gut vor und füllen Sie einige Gießkannen mit Wasser. Lassen Sie es einige Stunden stehen und die Wärme der Sonne aufnehmen. So wird das Wasser Ihren Pflanzen guttun. Nehmen Sie wahr, wie die Kanne in Ihrer Hand immer leichter wird und das Wasser langsam in der Erde versickert.

Der sanfte Brausestrahl der
Gießkanne tut Pflanzen gut.

Eine Schnecke beobachten.
Ruhig statt wütend werden.

Ungebetene Gäste

Flatternde Schmetterlinge, zwitschernde Vögel und summende
Bienen möchte jeder im Garten entdecken. Doch wie halten wir es
mit Schnecken, Läusen und Raupen, die den Weg zu uns finden?

Im Grünen scheint die Welt in Gut und Böse eingeteilt zu sein: Zierpflanzen müssen
sich gegen Unkraut behaupten und den Nützlingen, die beim Gärtnern unterstützen, stehen Schädlinge gegenüber, die uns um die Früchte unserer Arbeit bringen.
Doch auch im Garten ist die einfache meist nur die halbe Wahrheit.

Ein Garten ist Lebensraum für Menschen, Tiere und Pflanzen. Er verbindet sie miteinander, lässt aber auch Konflikte entstehen. Die Interessen der Tiere decken sich naturgemäß
nicht immer mit unseren: Den Salat, den wir aufgezogen haben, möchten wir essen. Wir
möchten nicht, dass die Schnecken diesen Salat verspeisen. Und doch ist selbst eine
Schnecke nicht nur lästig: Bewegt sie sich innerhalb des Komposthaufens hilft sie mit,
Pflanzenreste in Erde umzuwandeln, und der Igel fühlt sich deshalb in unserem Garten
wohl, weil er dort Schnecken fressen kann. Der bunte Schmetterling, den wir gerne von

Blüte zu Blüte flattern sehen, war eine Raupe und die Läuse auf der Kapuzinerkresse ernähren die Larven des Marienkäfers. Lebewesen passen nicht in Schubladen, zu eng sind sie miteinander verknüpft, und uns selbst würden wir auch nicht als Schädling betrachten, nur weil wir Äpfel verspeisen. Dennoch schützt uns das Wissen um Zusammenhänge nicht davor, wütend zu werden. Vor allem, wenn es nicht bei kleinen Löchern bleibt. Dann steigt das Bedürfnis, die zumeist kleinen Urheber der Schäden zu beseitigen und den Satz »Der Mörder ist immer der Gärtner« mit Wahrheit zu füllen. Doch der Griff zur Giftspritze oder zum Schneckenkorn ist für achtsame Gärtner nicht die erste Option. Wer in Kreisläufen denkt, wird davor zurückschrecken, Insektizide in diese Kreisläufe einzubringen. Und beim Schneckenkorn ist zumindest der Anblick Dutzender zwischen Schleimspuren verendeter Schnecken nicht jedermanns Sache. Ich muss zugeben, dass ich in diesem Fall aus Erfahrung spreche und die entsprechende Packung mit den kleinen, leuchtend blauen Körnern mittlerweile im Keller verstaubt.

> *Die Schönheit eines Schmetterlings kann nur entstehen, wenn sich seine Raupe satt gefressen hat.*

Einen persönlichen Weg finden

Was die Schnecken betrifft, bin ich wieder sanftmütiger geworden: Empfindliche Setzlinge decke ich abends mit einem Einmachglas ab und ich lege Holzbrettchen aus. Darunter kriechen die Weichtiere und lassen sich gut absammeln. In einem Eimerchen trage ich sie auf eine Wiese und hoffe, sie mögen dort auch bleiben. Sicher finden einige Exemplare den Rückweg, doch es scheint zu helfen. Jeder möge selbst entscheiden, was er mit »seinen« Schnecken macht. Bloß von der Variante, sie mit Salz zu bestreuen, rate ich wegen des langsamen und vermutlich qualvollen Todes der Tiere ab.

Solange die Pflanzen nicht beeinträchtigt werden, ist es einfacher, den Tierchen mit Gelassenheit zu begegnen. Meine Rambler-Rose hat im Sommer immer ein paar Blattläuse, die ich nur wahrnehme, wenn ich ganz nah an die Rose herangehe. Sie scheint die Läuse gut zu verkraften und deshalb greife ich in diesem Fall nicht ein. ❀

Achtsamkeit spüren: Ärgert es Sie, wenn Schädlinge eine Pflanze befallen? Das ist in Ordnung. Dennoch lässt sich ein Übermaß ungeliebter Tiere als Hinweis verstehen: Ist die Rose geschwächt und müsste wieder gedüngt werden? Sollte das Gemüsebeet mit einem Schneckenzaun vom feuchten Rasen getrennt werden? Aufmerksames Hinsehen kann uns mehr helfen als blinde Wut.

Der Klee war nicht gewollt, passt aber zu den Margeriten.

Dem Frust begegnen

Pflanzen verändern sich und können uns überraschen. Das ist gut so und lässt uns spüren, dass der Garten lebt. Trotzdem fällt es manchmal schwer, zu akzeptieren, dass nicht alle Pläne aufgehen.

Wunsch und Wirklichkeit passen oft nicht zusammen. Auf den Fotos vieler Magazine erscheinen Gärten als stets in voller Blüte stehende Kunstwerke ohne jeden Makel. Wer das Glück im Garten finden will, schwelgt in den Bildern – ohne die eigenen Beete daran zu messen.

Perfektionisten fällt es schwer, sich im Garten zu verwirklichen. Wenn Planung, Wissen und umsichtiges Arbeiten Hand in Hand gehen, entwickelt sich vieles so wie erwartet – manches wird trotzdem anders oder gar nicht gedeihen. Das ist in Ordnung. Der Garten lehrt uns, dass wir nicht alles in der Hand haben und es auch nicht haben müssen. Das altmodische Wort Demut ist im Umgang mit Pflanzen durchaus zeitgemäß.

Fair bleiben

Im Garten wie im Leben können wir nur in der Gegenwart handeln. Wir wissen beim Pflanzen noch nicht, ob ein Unwetter die Petersilie verhageln wird oder die Tomaten nach Dauerregen faulen werden. Wir sollten fair bleiben und uns nicht die Schuld für Ereignisse geben, die wir nicht steuern können.

Den Tatsachen ins Auge sehen

Nicht nur Hochglanzmagazine wecken Hoffnungen. Auch kleine Samentütchen haben es zuweilen in sich. Auf der Packung ist ein buntes Blumenmeer aufgedruckt, die Samen sind laut Haltbarkeitsdatum noch drei Jahre keimfähig und ich habe sie in voller Sonne und bestem Substrat in die Erde gebettet. Gewässert wurde nur mit handwarmem Regenwasser und dem feinen Brausestrahl einer britischen Gießkanne. Dass ich nach den Eisheiligen gesät hatte, versteht sich von selbst. Trotzdem zeigte sich auch nach drei Wochen außer ein paar vereinzelten Kosmeen pro Quadratmeter nichts. Wobei das gelogen ist, denn die sorgfältig vorbereitete Fläche war durchaus begrünt. Ackerwinde, Brennnessel und Miniatur-Löwenzahn waren gut erkennbar und schienen die Bedingungen, die ich ihnen geboten hatte, durchaus zu schätzen. Der Mondstand war falsch, sagt die Perfektion. **Es ist, wie es ist, sagt die Achtsamkeit** – frei nach Erich Fried. Manchmal lässt sich der Misserfolg nicht erklären und es fällt schwer, das zu akzeptieren.

Gelassenheit zu zeigen, ist leichter geschrieben als verinnerlicht. Ein Samentütchen im Wert von zwei Euro lässt sicher weniger Frustration aufkommen als ein alter, kranker Baum, von dem man Abschied nehmen muss. Doch gerade die unerfreulichen Tatsachen im Garten bieten die Möglichkeit, Achtsamkeit zu üben: Wenn es gelingt, wahrzunehmen, was ist, ohne zu hadern, bleibt mehr Energie für Veränderungen übrig.

Alles Ansichtssache

Ich habe es selbst in der Hand, ob ich einen Misserfolg überhaupt als solchen einstufe: Auch wenn mir der Blaue Scheinmohn als Staude verkauft wird, verhält er sich in meinem Garten wie eine einjährige Pflanze. Er blüht normalerweise ein Mal und nie wieder. Das macht er aber so schön, dass ich jedes Jahr ein Töpfchen kaufe, mich über die Blüten freue und gar nicht erwarte, dass er den Winter überlebt. Wenn er manchmal im Frühling doch wieder austreibt, bin ich freudig überrascht. Ähnlich ergeht es mir mit der Steppenkerze und dem Patagonischen Eisenkraut. Bei mir sind sie nicht sehr langlebig, aber ich pflanze sie nach und habe aufgehört, mich über ihr Verschwinden zu ärgern. Ein Blumenstrauß vergeht auch nach einer Woche – trotzdem macht er Freude.

Du kannst die Wellen nicht anhalten, aber du kannst lernen, auf ihnen zu reiten.

(Joseph Goldstein)

Nicht immer möchten wir eine Pflanze, die nicht gedeiht, wieder und wieder nachpflanzen. Wenn wir ihr zum Beispiel nicht den richtigen Standort im Garten bieten können, wäre das auch nicht sinnvoll. Trotzdem liegt in vermeintlichen Rückschlägen die **Chance für einen Neuanfang.** Wenn ein morscher Apfelbaum, gefällt worden ist, könnten wir an diese Stelle einen neuen Baum pflanzen und versuchen, den vorherigen Zustand wieder herzustellen. Das ist eine Möglichkeit. Wir könnten nach dem Verlust des Baumes auch neue Chancen erkennen. Die ehemals unter dem Baum liegende Fläche wird nun mehr Sonnenlicht bekommen. Hier könnten nun Purpursonnenhüte und Gräser gedeihen. Diese Veränderung kann durchaus Freude machen. Es gibt im Garten keine Geling-Garantie und gerade diese Tatsache macht ihn so spannend. Vermeintliche **Rückschläge tragen auch eine positive Seite in sich.** Der Schlüssel zu dieser Sichtweise liegt in uns selbst und unserer Fähigkeit, die Chancen einer ungewollten Änderung zu erkennen. Zudem werden wir mit Misserfolgen im Garten nicht tagtäglich konfrontiert und können förmlich Gras darüber wachsen lassen: Eine Pflanze, die eingegangen ist, verwandelt sich in wertvollen Humus und beansprucht – anders als aus der Mode gekommene Kleider – keinerlei Platz im Keller für sich. ❀

Achtsamkeit spüren: Gehen Sie zu einer Stelle im Garten, die sich anders entwickelt hat als gewünscht. Betrachten Sie den Ort und beobachten Sie, wie es Ihnen dabei geht. Machen Sie sich bewusst, dass alle Gefühle vorüberziehen – auch die negativen. Stellen Sie sich vor, was an diesem Ort gut gedeihen könnte. Schließen sie die Augen und lassen Sie in Gedanken Neues entstehen.

Wo einst ein Apfelbaum
stand, gedeiht der Sonnenhut.

Auch zwischen dem Buchs fand die Akelei noch Platz.

Der Zufall als Gärtner

Lassen Sie sich überraschen — von Pflanzen, die sich manchmal an unerwarteten Stellen und fast wie von selbst ansiedeln. Wer die Natur ein wenig mitgestalten lässt, wird oftmals belohnt.

Für Pflanzenliebhaber sind sich selbst aussamende Pflanzen eine Herausforderung. Wer die Übersicht behalten möchte, knipst Verblühtes ab, bevor sich Samen bilden. Dabei steht den meisten Gärten eine Portion natürliche Dynamik durchaus.

Der Gärtner denkt, die Pflanze lenkt – diese Sichtweise schenkt Gelassenheit im Umgang mit zufälligen Geschenken der Natur. Akelei, Mohn, Fingerhut oder Vergissmeinnicht haben das Talent, durch den Garten zu vagabundieren und an Stellen aufzutauchen, wo wir nie mit ihnen gerechnet hatten. Oft gedeihen sie dort besser als an jenen Plätzen, die wir ihnen zugedacht hatten. Kein Grund zur Sorge, sondern eher zur Freude.

Überraschungen zulassen

Die ersten Exemplare habe ich noch gesät. Mittlerweile freue ich mich, dass ich die Akelei sich selbst überlassen darf. Jedes Jahr bin ich gespannt, welche neuen Standorte hinzukommen. Gleiches gilt für die Jungfer im Grünen und den Bronzefenchel, die durch den Garten streunen. **Der Zufall belebt den Garten** und wir sollten ihm ruhig ein wenig Platz einräumen: Pflasterritzen, Mauerspalten und Treppenfugen müssen nicht immer mit dem Dampfstrahler gereinigt werden. Zweifler mögen den kunstvoll terrassierten Garten von Hestercombe besuchen und werden dem Charme des Spanischen Gänseblümchens *(Erigeron Karniuskianus)* erliegen, das dort winzige Spalten zwischen den Steinen besiedelt. Im Garten sollten wir uns nicht unter Erfolgsdruck setzen und können uns ein Stück Freiraum in einem durchgeplanten Alltag schenken. **Wir müssen nicht alles im Griff haben.** ❧

Wir können Zufallssämlinge als Verbündete sehen. Sie zeigen uns, welcher Standort für sie gut geeignet sein könnte.

Achtsamkeit spüren: Betrachten Sie eine Pflanze, die sich selbst ausgesät hat. Gefällt Sie Ihnen gut? Dann freuen Sie sich über das Ungeplante, das den Weg hierher gefunden hat und ohne Ihr Zutun offensichtlich gut gedeiht.

Viele Menschen

wissen, dass sie

unglücklich sind.

Aber noch mehr **Menschen**

wissen nicht,

dass sie **glücklich sind.**

Albert Schweitzer

Moment-Aufnahme

In die Sommerfrische gehen

Selbst Tage, die flirrende Hitze bringen werden, beginnen meist mit einem angenehm kühlen Morgen. In den ersten Stunden nach dem Sonnenaufgang strahlt der Garten Frische und Lebenskraft aus.

Energie tanken Die Nacht liegt hinter mir und ich denke nicht darüber nach, ob ich gut oder schlecht geschlafen habe. Ein neuer Tag beginnt. Ich atme bewusst ein und aus und bin bereit, den Morgen in diesem Moment auf mich wirken zu lassen.

Bodenhaftung finden Nach einigen Schritten durch den Garten ziehe ich meine Schuhe aus. Jetzt brauche ich sie nicht. Ich gehe barfuß weiter und merke den Unterschied. Ohne mich bewusst dafür zu entscheiden, gehe ich langsamer und bemerke die unmittelbare Berührung mit dem Boden. Ich spüre, wie zuerst meine Fersen auf der Erde aufsetzen und sich dann die ganze Fußsohle bis hin zum Ballen abrollt.

Belebende Massagen Ich wähle eigene Wege durch den Garten und entdecke die unterschiedlichen Materialien. Wie fühlen sie sich an? Sind sie glatt oder rau, schon warm oder noch kalt? Ich gehe auch über unebene Flächen. Wie fühlt sich Kies an? Wenn spitze Steinchen dabei sind, nehme ich das wahr, ohne mich darüber zu ärgern.

Die Ohren öffnen Mein Weg führt mich weiter zu einer Stelle des Gartens, die bereits von der Morgensonne beschienen wird. Ich bleibe stehen und schließe die Augen. Welche Geräusche kann ich wahrnehmen? Liegt das Summen der Bienen und Hummeln in der Luft? Oder höre ich schon die ersten Autos, die auf einer nahen Straße fahren? Wenn ich ein Auto höre, nehme ich wahr, wie das Geräusch langsam lauter wird und schließlich wieder verklingt. Ich konzentriere mich ganz auf den Klang.

Gartengäste beobachten Meine Augen öffnen sich wieder und mein Blick wandert auf Pflanzen in der Morgensonne. Ich lasse das Bild auf mich wirken und sehe Insekten, die von Blüte zu Blüte fliegen. Auf der Erde entdecke ich eine Schnecke, die auf dem Weg in ihr kühles Versteck ist. Ich sehe ihr zu und lasse sie ziehen.

Morgentau tanken Ich spüre der wohltuenden Wirkung des Spaziergangs in den Fußsohlen nach. Nun gehe ich weiter auf den Rasen. Der Morgentau trägt noch die Kühle der Nacht in sich und mit jedem Schritt, den ich auf dem Gras gehe, streife ich einige Wassertröpfchen von den Halmen auf meine Haut ab.

Wurzeln schlagen Das ruhige Gehen auf dem Rasen tut gut und erfrischt. Ich mache eine Pause, erinnere mich wieder an meinen Atem und fühle, wie ich mit beiden Füßen fest auf dem Boden stehe. Ich stelle mir vor, wie sich meine Fußsohlen mit dem kühlen Grün verbinden.

Wieder loslassen Ich bin im Moment angekommen und spüre, wie sich die Energie und Frische des Morgentaus von den Füßen aus in meinem ganzen Körper ausbreitet. Meine Müdigkeit ist der Neugier auf den kommenden Tag gewichen. Ich atme wieder drei Mal bewusst ein und aus, löse mich vom Rasen und kehre zurück.

Der morgendliche Gang durch den erwachenden Garten spendet Energie und Frische für den nachfolgenden Sommertag.

Herbst

Das Wissen um den nahenden Winter ist kein Grund, dem Herbst die Freundschaft zu verweigern. Wir ernten, genießen und schwelgen in seiner Schönheit: Die tiefer stehende Sonne lässt die Farben leuchten.

Jedes Blatt wirkt wie
von Künstlerhand gestaltet.

Wechselstimmung

Was soll man vom Herbst halten? Die Freude über üppige Ernten und warme Goldtöne wird getrübt vom Gedanken an die bevorstehende kalte Jahreszeit, noch bevor sie begonnen hat.

Wie der Frühling ist der Herbst eine Jahreszeit des Übergangs. Doch anders als der Frühling, der Energie und Vorfreude auf warme Tage im Freien schenkt, schwingt im Herbst der Abschied vom Sommer und die Aussicht auf den Winter mit. Umso kostbarer sind die Wochen dazwischen.

Ebenso wie es zu Beginn der Saison jenen Wintertag gibt, der das Versprechen des Frühlings in sich trägt, zeigt sich der Herbst manchmal schon im Sommer. Wenn an einem frühen Augustmorgen Nebelschwaden über den Wiesen schweben, erzählen diese vom Herbst. Verständlich, wenn dieser Ausblick melancholisch stimmt, und doch sollten wir uns von Gedanken an die Zukunft nicht die Schönheit dieses Bildes nehmen lassen.

Laubspiele

Erinnern Sie sich an das Rascheln der trockenen Blätter unter den Füßen Ihrer Kindheit? Oder an die Energie, mit der Sie das Laub hin und her gewirbelt haben? Wecken Sie diese Erinnerungen und gönnen Sie sich dieses Vergnügen beim nächsten Spaziergang durch den herbstlichen Wald.

Die Geschenke annehmen

Im Herbst gibt der Garten mehr, als er nimmt. Das geht über die Ernte im Obst- und Gemüsegarten hinaus: Das Licht der tiefer stehenden Sonne lässt die Farben der Blüten und Blätter intensiv leuchten. Spinnennetze, die kleine Glaskugeln aus Tautropfen tragen, laden dazu ein, ganz nah heranzugehen und die Spiegelungen in jedem einzelnen Tropfen zu entdecken. Viele Arbeiten, die wir zu Beginn der Saison verrichtet haben, ergeben jetzt Sinn: Der Rückschnitt des Apfelbaums im späten Winter sorgt im Herbst für eine reiche Ernte. Wer im Frühling Gräser gepflanzt hat, kann nun mit den Händen durch die Halme streifen und die Leichtigkeit genießen, die sie der Staudenrabatte verleihen. Freuen können wir uns auch über Rosskastanien, die wie auf Hochglanz poliert aus den Stachelhüllen fallen. Suchen Sie sich ein schönes Exemplar aus und tragen Sie die Frucht wie einen Handschmeichler mit sich. Wenn Sie in Gedanken sind, können Sie die Kastanie in der Hand fühlen und mit ihrer Hilfe wieder in der Gegenwart ankommen.

Es ist ganz normal, dass sich unter die Freude über das bunte Laub der Blätter ein wenig Melancholie über die Vergänglichkeit des Lebens mischt. Und doch wissen wir natürlich, dass der herbstliche Laubfall nicht das Ende des Baumes bedeutet, sondern lediglich seine Ruhephase einläutet. Die Blätter werden sich zu seinen Füßen in Humus verwandeln und ihn in der kommenden Saison mit wertvollen Nährstoffen versorgen.

Im Herbst für den Frühling gärtnern

Wenn sich der Ahorn im Herbst von seinem Laub trennt, stellt er damit schon die Weichen für den Frühling. Ähnlich verhält es sich mit den meisten Arbeiten im Garten: Wenn wir den Kompost umsetzen, tun wir dies, weil wir die Pflanzen zu Beginn der nächsten Saison mit fruchtbarer Erde versorgen möchten. Wenn wir die Blumenzwiebeln in die Erde betten, tun wir dies, um uns einen blütenreichen Frühling zu schenken.

Manche Arbeiten können wir im Herbst erledigen, müssen es aber nicht. Insofern ist der Herbst eine versöhnliche Jahreszeit für jene Gärtner, die ihre Tätigkeiten gerne in To-do-Listen zusammenfassen und von sich selbst enttäuscht sind, wenn sie nicht alles erledigen konnten. Stauden und Gehölze lassen sich gut im Oktober pflanzen. Dann haben sie einen kleinen Wachstumsvorsprung und sind im Frühling schon gut eingewurzelt. Wer das nicht schafft, kann es aber auch dabei belassen, die **Wünsche für den nächsten Frühling zu notieren** und erst dann zu pflanzen. Bei manchen Arten ist das sogar besser: Die meisten Gräser sollten im Frühling gepflanzt werden, weil sie den Winter dann besser überstehen. Da sie im Herbst aber voll entwickelt sind und sich von ihrer schönsten Seite zeigen, sollten wir die Gräser zumindest eines Blickes würdigen. In einer gut sortierten Staudengärtnerei können wir sie anschauen und notieren, welche von ihnen uns den nächsten Herbst verschönern könnten und im Frühling gepflanzt werden. Anders als in den meisten Gartencentern ist der Herbst in den Staudengärtnereien und Baumschulen nicht die Zeit des Ausverkaufs, sondern eine Zeit, in der die Auswahl nach wie vor groß ist und meist ein wenig mehr Zeit für ein beratendes Gespräch bleibt, als im zumeist arbeitsreichen Frühjahr. Vielleicht werden Sie erstaunt über die Vielfalt der Herbstblüher nach Hause zurückkehren und Himmelsastern mit Oktobermargeriten in die Beete pflanzen. Freuen sie sich schon jetzt darauf, im März und April Ihre Wunschgräser dazwischen zu pflanzen. ❦

> *Unser Handeln verbindet uns mit dem Kreislauf der Jahreszeiten. Vieles, was wir im Herbst tun, wirkt bis in den Frühling hinein.*

Achtsamkeit spüren: Gehen Sie zu einem Ahorn oder einem anderen Baum, dessen Laub in Flammen zu stehen scheint. Pflücken Sie ein Blatt und sehen Sie es an. Lassen Sie die warmen Rot- und Goldtöne auf sich wirken. Gehen Sie einen Schritt zurück und betrachten Sie die ganze Pflanze. Stellen Sie sich vor, dass jedes einzelne Blatt dem Baum über viele Monate gedient hat.

Pink trifft Apfelgrün,
die Natur ist mutig.

Man sieht den roten Äpfeln das Aroma förmlich an.

Endlich ernten

Dass der Herbst uns viele Früchte schenkt, erscheint selbstverständlich. Dabei gerät die faszinierende Entwicklung einer Blüte zur heranreifenden Frucht manchmal in Vergessenheit.

Wenn der Zwetschgenbaum besonders reichlich trägt, ist es manchmal schwierig, der Ernte mit Achtsamkeit zu begegnen. Doch es tut gut, diesen Geschenken der Natur unsere Aufmerksamkeit zu geben. Jede einzelne Frucht hat einen langen Weg von der Blüte zur Reife hinter sich.

Das langsame Werden einer Frucht bleibt unsichtbar, wenn wir Obst und Gemüse einkaufen. Die Früchte liegen als Produkte im Regal, reif und manchmal sogar küchenfertig verpackt. Nur die makellosen Exemplare schaffen es in den Einkaufswagen. Ein Garten erinnert uns daran, dass die Frucht aus einer Blüte hervorging, anfangs winzig klein war und viele Stunden Sonne und Regen getankt hat, um zu wachsen und zu reifen.

Dankbarkeit

Mag sein, dass der Baum Jahr für Jahr viele Früchte trägt und die Ernte zur Gewohnheit wurde. Nehmen Sie eine einzelne Frucht in die Hand und sehen Sie diese in Ruhe an. Freuen Sie sich darüber, dass sie in Ihrem Garten genug Sonne, Wasser und Nahrung zum Reifen bekommen hat.

Wenn die Zeit reif ist, schmeckt es

Im Garten lernen wir auch, dass nicht alles immer verfügbar ist und es seine Zeit braucht, bis die gelben Sternenblüten einer Tomate bestäubt worden sind und aus einer winzigen grünen Murmel eine aromatische Frucht herangereift ist. Wir lernen, dass wir unseren Pflanzen zwar gute Bedingungen bieten können, aber das Wachsen und Reifen, zumindest außerhalb des Gewächshauses, dem Lauf der Natur überlassen dürfen. Hektik hilft hier nicht: Wenn wir die Tomate früher pflücken, wird sie nicht so süß schmecken, wie wir es uns wünschen. Umgekehrt lässt uns gerade die Geduld, die wir mit der Pflanze hatten, ihren Geschmack genießen. Nicht immer läuft alles nach Plan und mündet in einer reichen Ernte. Manche Pflanzen beschenken uns, andere nicht.

Als ich zum ersten Mal Pastinaken angebaut habe, war ich von der Größe und Menge der Wurzeln, die ich ernten konnte, positiv überrascht. Dafür wartete ich im gleichen Jahr vergeblich auf die gewohnte Zucchini-Ernte. Die Pflanze trug nur männliche Blüten. Vielleicht geschah mir das recht. In den Jahren zuvor, war es mir stets zu schnell gegangen. Die Früchte wuchsen schneller, als ich ernten konnte, gerieten zu groß und schmeckten wässrig. Diesmal also keine Zucchini-Schwemme. Überflüssig zu erwähnen, dass ich die Zucchini der folgenden Saison mit größerem Genuss gegessen habe. Dafür keimten die Pastinaken nicht. Ihre Samen altern schnell. Das hatte ich nicht gewusst.

Genuss und Freude ernähren auch

Ob wir unverhofft reich beschenkt werden oder die Ernte ausbleibt – für die meisten Menschen dienen die Früchte aus dem Garten nicht nur der Versorgung mit Nahrungsmitteln. Dass eine reiche Ernte als Last empfunden wird, kann nur passieren, wenn wir genug von allem haben und auf die Früchte der Zucchini oder des Apfelbaumes nicht mehr angewiesen sind. Das schenkt uns die Freiheit, diese Früchte anders anzusehen als ein Erwerbsgartenbauer. Wir müssen nicht ausrechnen, wie viel Arbeitszeit in jedem Apfel und jeder Zwiebel steckt. **Unsere Früchte müssen sich nicht rechnen.** Wenn wir achtsam gärtnern, haben sie uns schon vor der Ernte beschenkt und nicht beschäftigt: Das Säen, das Pflanzen, das Jäten und das Beobachten ihres Wachstums erfüllt mit Zufriedenheit. Das ist ein großes Geschenk und es ist unabhängig von der Menge. Es reicht, wenn wir uns um einen einzigen Apfelbaum, eine Kürbispflanze oder einen Topf mit Kräutern kümmern. Geben und Nehmen schenkt Zufriedenheit – auch im Garten.

Wer den ganzen Kreislauf des Lebens begleiten möchte, wird nicht nur Früchte, sondern hin und wieder auch **Samen ernten.** Nicht aus reiner Sparsamkeit. Wenn aus selbst geernteten Samen im nächsten Jahr wieder Pflanzen wachsen, schließt sich der Kreis und es ist wahrscheinlich, dass sie mit den lokalen Bedingungen im Garten gut zurechtkommen werden. Manche Pflanzen wie die Möhren bilden erst im zweiten Jahr Samen. Andere machen es uns ganz leicht: Ein voll ausgereifter Kürbis trägt die Samen in sich und wir können, wann immer der Kürbis zubereitet wird, in der Küche einige davon beiseite legen und trocknen lassen. Auch die Bohnen machen es uns leicht und liefern die ausgereiften Kerne in einer pergamentartigen Hülle. Sehen Sie bei der Ernte der Samen genau hin und freuen Sie sich, wie unterschiedlich die Natur Samen verpackt. **Auch die Samen selbst faszinieren: Sie tragen alle Informationen für eine neue Pflanze in sich** und wir werden sie sorgfältig an einem trockenen, geschützten Ort aufbewahren. 🌱

> **Das Samenkorn ist noch winzig, aber in ihm schlummert bereits die Weisheit des erwachsenen Baumes.**
> *(Thich Nhat Hanh)*

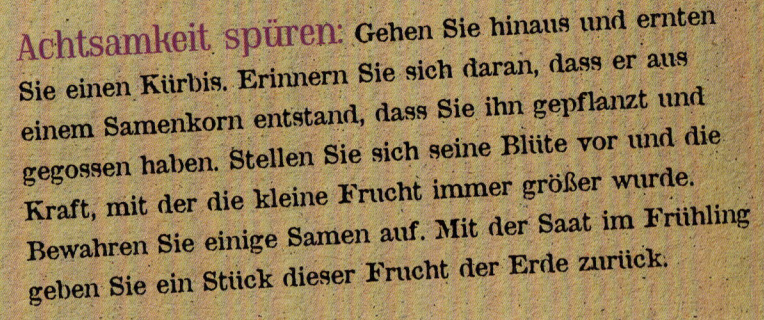

Achtsamkeit spüren: Gehen Sie hinaus und ernten Sie einen Kürbis. Erinnern Sie sich daran, dass er aus einem Samenkorn entstand, dass Sie ihn gepflanzt und gegossen haben. Stellen Sie sich seine Blüte vor und die Kraft, mit der die kleine Frucht immer größer wurde. Bewahren Sie einige Samen auf. Mit der Saat im Frühling geben Sie ein Stück dieser Frucht der Erde zurück.

Die Natur verpackt die
Samen auf kunstvolle Weise.

Schaufel für Schaufel pures »Gärtnergold«.

Das Wunder des Wandels

Nirgendwo sonst wird der Kreislauf des Lebens so klar erkennbar wie am Kompostplatz. Wie aus abgestorbenen Pflanzenteilen wertvoller Humus wird, fasziniert jedes Jahr aufs Neue.

Es gibt vieles, auf das man im Garten getrost verzichten kann. Wer sich nichts aus Rosen macht, sollte auch keine pflanzen. Auch der Rasen und selbst die Terrasse sind nicht obligatorisch. Die Vorlieben sind verschieden. Lediglich auf einen Komposthaufen sollte ein achtsamer Gärtner keineswegs verzichten.

Im Garten gibt es keinen Abfall – auch wenn das samstagvormittags, wenn die Schlangen vor den städtischen Wertstoffhöfen besonders lang sind, anders aussehen mag. Wer im Herbst dutzendweise Laubsäcke dorthin fährt, lässt sich einen Schatz entgehen. Den Beweis bringt ein Spaziergang durch den Wald. Nehmen Sie die obere Lage der auf dem Boden liegenden Blätter beiseite und Sie entdecken darunter jene dunkle Humusschicht, die zuweilen auch »Gärtnergold« genannt wird und aus der zahllose Keimlinge der jungen

Bäume sprießen. Wenn Sie diesen Humus in die Hände nehmen, werden Sie feststellen, wie gut dieser Waldboden riecht. Warum sollte man sich diese dunkle, wertvolle Erde im eigenen Garten entgehen lassen? Kleinere Laubmengen lassen sich auf den Kompost geben. Wer besonders viele Blätter hat, kann eine eigene Kompostmiete dafür freihalten und einen speziellen Laubkompost komponieren. Er eignet sich besonders gut für alle Pflanzen, die auf Waldböden gedeihen. Es ist faszinierend zu beobachten, wie Würmer, Asseln, Springschwänze und winzige Mikroorganismen die Blätter innerhalb weniger Monate in sich zusammenfallen und diesen Humus entstehen lassen.

Loslassen lohnt sich

Der Kompost hilft, Misserfolge beim Gärtnern gelassener zu sehen. Pflanzen, die kümmern oder gewuchert sind, dürfen wir ohne ein schlechtes Gewissen auf den Kompost geben. Sie werden zu guter Erde und ermöglichen neues Leben im Garten. Vielleicht stehen auch im Wohnzimmer Pflanzen, denen die trockene Heizungsluft nicht bekommt. Oft handelt es sich um gut gemeinte Mitbringsel, doch es ist keine Schande, kümmernde Alpenveilchen und entblätterte Weihnachtssterne eines Tages von der Fensterbank zu nehmen. Wenn sie auf dem Müll landeten, würde es sich vielleicht wie ein Scheitern anfühlen. Doch wer sie auf den Kompost gibt, wirft sie nicht weg, sondern veredelt sie. Er macht sie zu einem Teil des Kreislaufs aus Werden und Vergehen. Ein gutes Gefühl – ebenso wie der Anblick einer freien Fensterbank.

Das oft als lästig empfundene herbstliche Umsetzen des Komposts kann man bei entsprechender innerer Einstellung als positives Ritual begehen. Bei mir gibt die Natur hierfür den Takt vor. Da auf meinem Kompost Kapuzinerkresse wächst, warte ich ab, bis der erste Frost die Blütenpracht beendet hat. Dann ist es für mich **ein nahezu feierlicher Moment**, den Kompost zu wenden, indem ich ihn auf die benachbarte Miete schaufle. Das ist anstrengend und gibt nach getaner Arbeit das gute Gefühl, dass der Kompost bis zum Frühling gut verrotten wird ❦

Der Kompost ist nicht ein Abfallhaufen, er ist die Seele des Gartens.

(Johannes Roth)

Achtsamkeit spüren: Stellen Sie sich vor die Kompostkiste, nehmen Sie eine Latte nach der anderen ab und bauen Sie diese daneben wieder auf. Halten Sie Ihre Schaufel mit festem Griff in der Hand und lassen Sie das organische Material in die leere Kiste wandern. Schaufel für Schaufel. Betrachten Sie Ihr Werk und stellen Sie sich vor, wie der Kompost dort bis zum Frühling reifen wird.

Von den **Blüten** ist vielleicht noch keine **verwelkt.** (...) Aber da ist ein Blatt, an dem ein **Käfer gefressen** hat, einen Stängel hat jemand niedergetreten, und selbst an den **Wurzeln** kann schon etwas angefressen oder **abgestorben** sein. Die **Verwundbarkeit** gehört auch zu unserem Leben.

Pater Benedikt Schwank

Auch Kinderhände können mit Achtsamkeit gärtnern.

Achtsamkeit leben:

Im Gespräch mit dem Gartenbaulehrer Alph Lehmann

Alph Lehmann holt Ruhe und Gelassenheit in die Schule und bringt damit zwei scheinbar völlig verschiedene Welten zusammen. Der Gartenbaulehrer unterrichtet seit 1999 an der Freien Waldorfschule in Heidelberg-Wieblingen. Er möchte seinen Schülern den achtsamen Umgang mit Pflanzen, Tieren und den Mitmenschen vermitteln. Dass dies gelingt, liegt auch am Klassenzimmer: Er unterrichtet direkt auf dem schuleigenen Arche-Hof. Einen ersten Garten gab es schon 1985. Zwischenzeitlich sind sowohl Schule als auch Schulgarten gewachsen. Die Schulgebäude gruppieren sich mit Kindergarten und Krippe wie ein Dorf und der Garten wurde zum Hof, der sich heute auf rund drei Hektar erstreckt. Hier wird nicht nur Obst und Gemüse angebaut. Wer Alph Lehmann an seinem Arbeitsplatz besucht, begegnet Diepolzer Gänsen, Coburger Fuchsschafen, Hühnern, Schweinen und Pferden. Die Bewahrung gefährdeter Nutztierrassen ist Teil des Konzepts auf dem Arche-Hof.

Der Montag beginnt schwungvoll

»Schnell, alle hierher. Wir kreisen sie ein, dann kriegen wir sie!« Alph Lehmann läuft Richtung Schweinestall. Ein Ferkel ist ausgebüchst und muss wieder eingefangen werden. Eigentlich hatte ich mir den Ortstermin entspannter vorgestellt, aber **wenn Achtsamkeit auf den Alltag trifft, wird es interessant.** Hier auf dem Gelände der Freien Waldorfschule im Heidelberger Stadtteil Wieblingen prägt der achtsame Umgang mit dem Vieh und den Pflanzen den Tagesablauf. Meistens, denn jetzt muss es schnell gehen und Alph Lehmann möchte das flinke Ferkel wieder fangen. Seine Helfer sind an diesem Montagmorgen keine Schüler, sondern junge Erwachsene, die zur Werkgemeinschaft Martinshof gehören und im Rahmen eines Integrationsprojekts auf dem Arche-Hof mitarbeiten. Das Wort »Behinderte« vermeidet der Pädagoge bewusst, weil es als abwertend empfunden werden könnte: *»Wir sprechen lieber von seelenpflegebedürftigen Menschen. Sie unterstützen uns hier auf dem Hof.«* Und das mit großer Routine, denn gemeinsam haben sie zwar schnell, aber ohne Hektik einen Kreis gebildet. Alph Lehmann hat das Ferkel gefangen und wieder zu den anderen Schweinen in den Stall getragen. Es ist schwarz gescheckt, wie alle Schweine, die zur Rasse »Bunte Bentheimer« gehören. Schwein gefangen, Problem gelöst, Alph Lehmann ist entspannt. Wobei man sich den aus dem Sauerland stammenden Pädagogen mit der sonoren Stimme und den zum Pferdeschwanz zusammengebundenen Haaren auch kaum hektisch vorstellen kann.

»So, jetzt haben wir ganz viel Zeit für unser Gespräch über achtsames Gärtnern. Die nächste Klasse kommt erst um 11.30 Uhr.« Als er das sagt, gehen die Kleinen aus dem Waldorfkindergarten mit ihren leeren Eimerchen an uns vorbei, zurück in ihre Gruppen. Das morgendliche Füttern der Tiere gehört für die Jüngsten zu den Höhepunkten des Tages. Je nach Alter nehmen alle Kinder unterschiedliche Aufgaben auf dem Hof wahr. Bloß mit den Schülern der 13. Jahrgangsstufe ist an diesem Tag nicht zu rechnen. »Leise. Abitur!« steht auf Zetteln, die an den Fenstern der Prüfungsräume hängen.

In Kreisläufen denken

Während rund um die Prüfungsgebäude die Anspannung mit Händen zu greifen ist, kräht auf dem einen Steinwurf entfernten Arche-Hof gerade der Hahn. Alph Lehmann führt mich zu einem Unterstand, wo eines der beiden Pferde gerade Heu frisst. *»Darf ich vorstellen? Das ist der Pedro, ein Westfälisches Kaltblut.«,* erzählt er und tätschelt das Pferd. Langsam mache ich mir Sorgen, dass ich das Thema verfehle und unser Gespräch besser in einem Buch über Viehhaltung als über das Gärtnern aufgehoben wäre, aber die Tiere sind hier Teil des Ganzen, erklärt Alph Lehmann: *»Wir ernten Obst und Gemüse für die Mensa. Die Essensreste und Gemüseschalen aus der Küche verfüttern wir wieder an unsere Tiere und den Mist veredeln wir auf dem Kompost zu gutem Dünger für unsere*

> *Wenn wir etwas geerntet haben, gebe ich der Natur gemeinsam mit den Kindern auch etwas zurück.*

Pflanzen. So schließt sich der Kreis.« Er wendet sich wieder dem Pferd zu: »*Und der Pedro liefert nicht nur Dünger. Das ist ein richtiger Ackergaul. Den spannen wir manchmal vor den Pflug.*« Pflügen? Das klingt nach einem großen Schulgarten und tatsächlich handelt es sich nicht um Beete, sondern eher um Felder. Hier geht es um mehr als um ein wenig Nasch-Gemüse. Vieles von dem, was mit Hilfe der Kinder auf dem Hof gepflegt und geerntet wird, kommt in der Schulmensa auf den Tisch: »*Heute morgen haben wir mit den Schülern der achten Klasse schon den Salat für das Mittagessen geerntet*«, erzählt der Lehrer weiter und die Mitarbeit der Schüler hört nicht bei der Ernte auf: »*In der siebten Klasse machen die Kinder ein Küchenpraktikum. Das heißt, dass bei jeder Mahlzeit, die in der Mensa auf den Tisch kommt, Schüler bei der Zubereitung geholfen haben.*«

Würden Sie sagen, dass Sie gemeinsam mit den Schülern achtsam gärtnern? Fällt Ihnen da ein konkretes Beispiel ein?

Wir müssen der Natur auch vertrauen, dass sie unser Werk vollenden wird.

»*Die Dankbarkeit ist ganz wichtig. Wenn wir etwas geerntet haben, gebe ich der Natur gemeinsam mit den Kindern auch etwas zurück. Das kann zum Beispiel ein Schälchen mit Milch sein, das ein Igel am Abend ausschleckt, oder auch ein Lied, das wir zum Abschluss der Ernte singen. Wichtig dabei ist vor allem, dass die Kinder im Garten lernen, nicht nur zu nehmen, sondern auch zu geben. Wobei das Geben schon lange vor der Ernte anfängt: Die Arbeit, die wir in den Garten stecken, gehört auch dazu – das Versorgen der Pflanzen und die oft mühsame Pflege des Bodens. Das vermitteln wir hier.*«

Das Denken in großen Zusammenhängen ist wichtig an dieser Schule, oder?

»*Ja, natürlich. Die Kinder erleben, dass ihre Arbeit zwar oft anstrengend, aber sinnvoll ist. Sie liefern das Obst und Gemüse in die Schulküche, helfen beim Zubereiten und essen es in der Mensa. Die Kinder meckern auch selten über das Essen, weil sie selbst dazu beigetragen haben und es wertschätzen. Und natürlich haben wir auch einen richtig guten Koch. Jedes Jahr erstellen wir mit ihm den Anbauplan für den Garten.*«

Wenn der Koch jeden Morgen auf Ihre Lieferung wartet, möchten Sie ihn sicher nicht enttäuschen. Wie gehen Sie denn dann mit Schädlingen um?

»*Da sind die Bohnen ein gutes Beispiel. Die hatten letztes Jahr sehr viele Läuse. Ich habe den Kindern erklärt, dass wir sie an einen guten Platz gesät und gehegt und gepflegt haben. Ich sage ihnen aber auch, dass wir nicht alles steuern können. Wir müssen der Natur auch vertrauen, dass sie unser Werk vollenden wird. Bei den Bohnen ist es tatsächlich so gekommen: Die Larven des Marienkäfers haben die meisten Läuse verputzt und wir konnten ernten. Für die Kinder ist das eine wichtige Erfahrung. Sie lernen, dass die Läuse Teil des Kreislaufes sind und der Marienkäfer sogar auf sie angewiesen ist.*«

Frisch vom Acker geerntetes
Gemüse für die Schulmensa.

Das Gärtnern, noch dazu das achtsame, ist ja bestimmt nicht für alle Schüler gleichermaßen interessant. Gibt es da Unterschiede?

Wenn ich mir diesen Apfelbaum aufmerksam genug anschaue, merke ich, was er braucht.

»Oh ja. In der fünften und sechsten Klasse, da sind zum Beispiel schon einige wilde Jungs dabei. Mein Kollege und ich haben schon so oft versucht, mit ihnen zu Beginn der Stunde erst mal zur Ruhe zu kommen. Wir haben ihnen etwas besonders Schönes gezeigt, eine Blüte zum Beispiel. Aber die haben einfach keine Ruhe, etwas bewusst anzuschauen und bei sich selbst anzukommen. Jedenfalls nicht sofort. Für sie ist es einfach besser, wenn jemand von uns sie mitnimmt und mit ihnen Holz macht oder den Misthaufen umschichtet. Das war für mich auch ein Lernprozess. Ich musste das akzeptieren und damit umgehen. Mittlerweile ist es so, dass ich zu Beginn jeder Stunde zuerst ›abspüre‹, wie die Stimmung so ist, und dann entscheide ich, was wir tun werden. Für mich ist das immer ein Spagat zwischen dem Gärtner-Herz und dem Pädagogen-Herz.«

Fällt es Ihnen selbst auch manchmal schwer mit Achtsamkeit zu gärtnern?

»Na klar, das ist ja ein lebenslanges Lernen, und wenn ich Unkraut jäte, geht es da schon manchmal ganz schön zur Sache. Da denke ich mir manchmal schon, dass ich das ruhiger und mit mehr Respekt vor der Pflanze machen sollte. Aber das gilt ja nicht nur für den Garten. Wenn ich zum Beispiel morgens in die Schule komme und mir eigentlich vorgenommen habe, dankbar für diesen schönen Morgen und meinen wunderbaren Beruf zu sein, kommt irgendwas dazwischen, weil zum Beispiel ein Kollege vertreten werden muss und der Tag ganz anders laufen wird, als ich dachte.«

So ist das Leben. Ist es nicht auch viel interessanter, wie man in Stressphasen Achtsamkeit in den Alltag holt? Schaffen Sie sich da Inseln?

Alph Lehmann lacht: »Diese Bank dort drüben könnte so eine Insel sein. Da könnte ich mich, bevor es losgeht, oder auch zwischen den Unterrichtsstunden für einige Minuten hinsetzen und durchatmen. Aber ganz ehrlich: Ich sitze dort fast nie.« Noch wichtiger als die Bank ist die innere Einstellung, und die kann man nicht sehen, aber wahrnehmen.

Eigentlich soll das Gärtnern ja der Entspannung dienen und uns wieder ein wenig erden. Empfinden Sie das ähnlich oder wird es Ihnen manchmal zu viel?

»Das kommt auf die Menge an. Bei den Tomaten haben wir uns letztes Jahr mit über 600 Pflanzen einfach übernommen. Dieses Jahr bauen wir nur noch halb so viele Pflanzen an und können uns auch wieder besser um sie kümmern. Oder nehmen wir dieses Beet hier. Wir haben es in diesem Jahr brachliegen, aber hatten zwischenzeitlich überlegt, hier ›noch schnell‹ Pastinaken einzusäen. Das Säen wäre auch nicht das Problem gewesen, aber danach tragen wir Verantwortung dafür, dass aus den Sämlingen starke Pflanzen werden. Das wäre zu viel gewesen und so gönnen wir dem Beet eine Pause.« Zu tun gibt es noch genug, denn die Gemüsebeete sind nur ein Teil des Ganzen.

Alph Lehmann geht weiter in den Obstgarten. Über 100 Bäume wachsen dort, darunter viele Quitten und alte Apfelsorten. Er bleibt vor einer jungen Ananasrenette stehen: »Wenn ich mir diesen Apfelbaum aufmerksam genug anschaue, merke ich, was er braucht. Hier sehe ich zum Beispiel viele senkrechte Triebe, die Wasserschosser. Die werde ich rausnehmen.« Er greift einen der jungen Äste und reißt ihn ab. Was brutal aussieht, ist für den Baum schonender als ein Schnitt. Er überlegt gerade, welchen Ast er als nächsten entfernt, als sein Kollege zu ihm kommt. Eine fünfte Klasse braucht eine Vertretungsstunde und wird im Garten mithelfen. In fünf Minuten. Und jetzt? Alph Lehman muss die Ananasrenette links liegen lassen: »Da kann ich mich nicht auf die Bank setzen. Jetzt muss ich sofort entscheiden, was wir tun werden. Wir könnten Unkraut jäten. Und wenn erst mal Bewegung angesagt ist, gehen wir rüber zu den Schafen. Jedenfalls versuche ich jetzt ganz im Moment präsent zu sein. Ich möchte ja nicht nur Pflanzen und Tieren, sondern auch meinen Schülern mit Achtsamkeit begegnen.« Die ersten Kinder kommen schon auf den Hof. Alph Lehmann begrüßt sie so zugewandt und souverän, dass es so wirkt, als ob er an diesem Vormittag ohnehin auf sie gewartet hätte. ꙮ

Bald sind die appetitlich geröteten Äpfel erntereif.

Mit Zwiebeln und Schaufel
für Farbe im Frühling sorgen.

Den Frühling einpflanzen

So viel Kraft in einer kleinen Zwiebel. Tulpen, Narzissen und ihre Verwandten faszinieren jedes Jahr aufs Neue mit ihrer frühen Blütenpracht. Im Herbst werden sie mit großer Vorfreude gepflanzt.

Die Farbigkeit und Blütenfülle, die Zwiebelblüher zu Beginn der Saison schenken, lassen es fast einer Sünde gleichkommen, auf diese Pflanzen zu verzichten. Zumal sie nicht viel mehr von uns verlangen, als den richtigen Pflanztermin einzuhalten.

Wer sich den Abschied vom Sommer erleichtern möchte, kann zu einem einfachen und zugleich schönen Mittel greifen: Machen Sie eine Phantasiereise in den Frühling. Dafür brauchen Sie lediglich einige Tüten Blumenzwiebeln und Ihr Staudenbeet. Nehmen Sie ruhig zehn bis 15 Zwiebeln pro Quadratmeter. Das klingt nach viel, doch eigentlich kann man nie genug Blumenzwiebeln in die Erde setzen. Welche Farben und Formen in einem halben Jahr ihren großen Auftritt haben werden, bleibt Geschmackssache. Wer Orange gemischt mit eleganten weißen Lichtreflexen und einen zarten Blütenduft mag, möge zu den Lilienblütigen Tulpen 'White Triumphator' und 'Ballerina' greifen, diese mit der Dichternarzisse 'Poetica' mischen und zwischen die Stauden pflanzen.

> *Mit Blumenzwiebeln malen wir heute Bilder in den Boden, die morgen aufblühen und uns überraschen werden.*

Vergessene Schätze

Für einen guten Start bekommen die Zwiebeln noch eine Portion Kompost oder organischen Dünger ins Pflanzloch gemischt. Vielleicht liegt es an dem geringen Aufwand, dass die Zwiebeln dann oft vergessen werden. Das macht aber nichts. **Umso größer sind Freude und Überraschung** nämlich, wenn im April ungewöhnlich viele frühe Triebe aus der Erde spitzen und sich wenig später, lange vor den meisten Stauden, die Blüten öffnen. Einfach so, ohne viel von uns zu verlangen. Wer jeden Herbst wieder einige Zwiebeln nachpflanzt – man hat wirklich nie genug davon – wird im Frühling reich beschenkt.

Achtsamkeit spüren: Wenn Sie die Zwiebeln in die Erde gebettet haben, halten Sie einen Moment inne. Stellen Sie sich vor, wie sie Wurzeln schlagen werden und wie das Beet im kommenden Frühling aussehen wird.

Der Wind hat die Blätter der Eiche auf den Buchs gelegt.

Dem Wetter begegnen

Wer seinen Garten liebt, tut viel dafür, dass es den Pflanzen gut geht, und doch haben wir nicht alles in der Hand. Die Unwägbarkeiten des Wetters lehren uns, die Dinge so zu nehmen, wie sie kommen.

Ein Garten entsteht durch menschliches Handeln und doch verbindet er uns mit der Natur. Vor allem das Wetter lässt uns spüren, dass wir nicht alles in der Hand haben und es manchmal auch bei noch so guten Vorhersagen Überraschungen gibt.

Unwägbarkeiten machen das Leben spannend. Ein Garten wäre vermutlich nicht so interessant, wenn wir zu Beginn einer jeden Saison genau wüssten, was auf uns zukommt. **Die Hoffnung gärtnert mit** und wir können nicht wissen, ob die robuste Rosmarinsorte dem Frost wirklich trotzen oder ein Sturm den morschen Birnbaum entwurzeln wird. Im Garten sind wir beides: kreative Gestalter und hin und wieder machtlose Zuschauer.

Hochs und Tiefs erleben

Es stürmt, es schneit, es hagelt. Wenn sich das Wetter von seiner temperamentvollen Seite zeigt, ist es nur allzu menschlich, dass wir uns zurückziehen und Schutz suchen. Vom Wohnzimmer aus lässt sich gut beobachten, wie Stauden und Gehölze den Wetterkapriolen trotzen. Das können sie umso besser, je eher sie daran gewöhnt sind. Eine gepäppelte und immer optimal versorgte Gewächshauspflanze wird es draußen anfangs schwer haben und oft schon in der ersten Böe umknicken. Sie muss sich erst an das Klima außerhalb des Glashauses gewöhnen. Auch uns könnte es guttun, die Komfortzone hin und wieder zu verlassen und den Garten nicht nur bei Sonnenschein zu betreten. Nicht nur, um pflichtbewusst die Abwehrkräfte zu stärken, sondern um unsere Sinne für **die vielen Facetten des Gartens** zu öffnen: Das Rascheln der Hainbuchenblätter können wir nur im Wind hören, den Raureif auf den Samenständen nur bei Frost sehen. ❦

Mir tut es gut, Wind und Wetter ausgesetzt im Freien zu sein.

(Anja Maubach)

Achtsamkeit spüren: Nehmen Sie sich die Freiheit, den Garten auch bei vermeintlich schlechtem Wetter zu genießen. Wie fühlt sich der Wind auf Ihrer Haut an? Hören Sie, wie die Luft durch die Äste der Bäume streift?

Verweile nicht
in der Vergangenheit,
träume nicht
von der Zukunft.
Konzentriere dich auf den
gegenwärtigen Moment.

Siddharta Gautama (Buddha)

Den Herbst genießen

Reife Früchte und kräftige Farben prägen diese Jahreszeit. Sie laden
dazu ein, im Reichtum der Natur zu schwelgen. Es macht Freude,
sich den Geschmack des Herbstes auf der Zunge zergehen zu lassen.

Im Garten ankommen Ich gehe einige Schritte in den Garten hinaus und suche mir eine Stelle, an der ich mich wohlfühle. Ich spüre, dass ich mit beiden Beinen sicher auf dem Boden stehe, und atme drei Mal bewusst ein und aus. Ich werde diese Minuten auskosten und freue mich darauf, den Garten zu genießen.

Die Jahreszeit wahrnehmen Beim Einatmen spüre ich, dass die Luft ein wenig kälter geworden ist, beim Betrachten der Pflanzen bemerke ich das schräge Licht der tiefer stehenden Sonne. Ich stehe still, schaue, höre und rieche. Wie sieht der Herbst heute im Garten aus? Wie hört er sich an? Liegt ein bestimmter Duft in der Luft? Ich bin mit allen meinen Sinnen ganz in diesem Moment präsent.

Geschenke entdecken Ich löse meinen stabilen Stand und hebe meine Schuhsohlen langsam vom Boden ab. Schritt für Schritt gehe ich durch den Garten und betrachte die Pflanzen, die Früchte tragen. Welche möchte ich ernten, welche werden die Vögel im Winter ernähren? Ich suche mir eine Pflanze aus und nähere mich ihr. Hat sie schon genug Sonne und Nährstoffe getankt, um reife Früchte hervorzubringen?

Eine Frucht pflücken Ich wähle eine reife Frucht und greife mit der Hand nach ihr. Lässt sie sich leicht lösen oder brauche ich Kraft? Ich spüre das Gewicht der Frucht in meiner Hand und betrachte sie in Ruhe. Wie hat sie sich im Laufe des Jahres verändert, kann ich noch Spuren der Blüte erkennen, aus der sie entstanden ist?

Vielfalt entdecken Wie fühlt sich die Oberfläche meiner Frucht an? Ist sie glatt oder rau? Ist sie kalt oder hat sie sich in meinen Händen erwärmt? Verströmt die Frucht schon durch die Haut einen zarten Duft oder erschließt sich ihr Aroma erst beim Essen?

Geschmack auskosten Nun genieße ich die Frucht und spüre, wie sie sich im Mund anfühlt. Weich oder hart, saftig oder mürbe. Ich spüre, wie meine Zähne die Frucht langsam kauen, und nehme wahr, wie das Aroma den Gaumen erfüllt. Zufrieden schlucke ich hinunter und habe das Gefühl, satt zu sein.

Etwas zurückgeben Ich wende mich wieder der Pflanze zu und freue mich, dass sie mich beschenkt hat. Ich schließe die Augen und stelle mir vor, wie ich sie pflegen und mit Kompost versorgen werde. Wenn es eine einjährige Pflanze ist, werde ich ihren Samen ernten und im Frühling wieder aussäen. Ich werde mich um sie kümmern und ihr Wachsen begleiten.

Mit Dankbarkeit gehen Mit dem Geschmack der Frucht auf der Zunge nehme ich wieder drei tiefe Atemzüge und öffne die Augen. Ich strecke und recke mich und kehre Schritt für Schritt wieder aus dem Garten zurück.

Jeden Bissen auskosten und zur Ruhe kommen. Diesen Genuss können wir uns auch mit frischen Früchten vom Markt gönnen.

Winter

Der Garten trägt ein bescheidenes Kleid in gedeckten Farben und es ist still geworden. Kein Summen und Zirpen, nur selten ein Vogelzwitschern. Doch gerade die Pause und Ruhe dieser Jahreszeit sind kostbar für uns.

Die Blüten der Zaubernuss
tragen den Schnee mit Würde.

Klarheit und Muße

Eine Pause machen, die Arbeit ruhen lassen, endlich durchatmen.
Der Winter schenkt uns eine Zeit der Einkehr und lässt uns
zugleich ehrlich wissen, ob der Garten ein Rückgrat hat.

Die letzte Zwiebel ist gesteckt, die Rosen eingepackt, der Kompost gewendet. Jetzt
kann der Winter kommen. Auch wenn er als karge Jahreszeit gilt, ist er auf seine
Weise großzügig: Im Garten befreit er uns vom Druck, immer etwas tun zu müssen.

Es klingt paradox. Wenn die Natur in ihre Ruhepause eintritt und der Garten die Üppigkeit
der Blütenwolken und Blätterkleider abgelegt hat, haben wir viel Zeit, ihn zu betrachten.
Der Frost öffnet uns die Augen und lässt raumbildende Gehölze zur Geltung kommen.
Im Winter erkennen wir, wie die Struktur einer Hecke dem Garten guttun kann.

Die Leere und das Warten aushalten

Wir sollten dem Winter ungerechte Vergleiche ersparen. Sie machen unglücklich, noch dazu, wenn sie sinnlos sind. Wer sich den
Garten immer üppig blühend wünscht, wird unzufrieden werden.
Diesen Garten kann es, zumindest in Mitteleuropa, nicht geben.
Wer hingegen vermeintliche Defizite als Qualität annimmt, wird
erkennen, dass die Blüte des ersten Schneeglöckchens deshalb so
anrührend wirkt, weil die Beete so lange kahl waren.

Das Schilfgras welkt hin:
Das Kälterwerden lässt sich
mit Augen sehen.
(Kobayashi Issa)

Der Winter zeigt uns aber nicht nur den Blick für das Wesentliche und lässt uns jene
Pflanzen schätzen, die ihn das ganze Jahr prägen. Er lehrt uns auch zu warten und zu
akzeptieren, dass sich nicht alles erzwingen lässt. Im Garten dürfen wir vieles sein lassen,
weil die Zeit dafür noch nicht reif und der Boden noch gefroren ist. Vielleicht ist diese
Botschaft in einer Zeit, in der wir oft den Anspruch haben, jede Minute optimal nutzen zu
müssen, das wertvollste Geschenk des Winters an uns. ❀

Achtsamkeit spüren: Die äußere Haut der Bäume
kann so verschieden sein und wird im Winter deutlich
sichtbar. Schließen Sie die Augen und legen Sie Ihre
Hände auf die Rinde eines Baumes. Wie fühlt sie sich an?

Die Samenstände werden erst im Frühjahr abgeschnitten.

Sterben und Neubeginn

Der Winter erinnert uns an die Vergänglichkeit des Lebens. Doch die abgestorbenen Pflanzenteile können den Garten schmücken und bilden zudem die unentbehrliche Grundlage für neues Leben.

Manchmal wird es als Pflicht empfunden, den Garten möglichst »aufgeräumt« in den Winter zu schicken: Die Stängel der Stauden werden kurz über dem Boden abgeschnitten, Laub aus den Beeten gerecht und der Garten nur noch selten betreten. Doch es geht auch anders.

Der erste Frost wischt die bunten Farben weg und ersetzt sie durch Braun- und Grautöne. Lediglich immergrüne wie der Buchs tragen ihr Blätterkleid unverdrossen. Sie strukturieren den Garten die ganze Saison über und wirken vital. Dem dunkelbraunen Stängel einer Engelwurz sieht man hingegen an, dass er nicht mehr lebt. Also abschneiden? Wenn wir den Blick für die Schönheit des Vergänglichen schulen und die ganze Pflanze in Ruhe auf uns wirken lassen, lautet die Antwort nein.

Es war einmal

Gehen Sie zu Ihrem Staudenbeet und sehen Sie es sich an. Pflanze für Pflanze. Wie sieht es jetzt aus und wie sah es vor wenigen Wochen aus? Erinnern Sie sich noch an die Schönheit der einstigen Blüten und Blätter? Welche Arten gefallen Ihnen noch und welche nicht mehr?

Die Anmut des Vergänglichen

In Schönheit sterben, das kann die Engelwurz. Auf ihrem Stängel trägt sie ihre verblühte Dolde mit Würde wie einen Schirm und es wäre schade, diese Skulptur der Natur früher als nötig mit der Schere zu kappen. Die Auswahl an Stauden, deren abgestorbene Pflanzenteile die winterliche Rabatte bereichern, ist größer, als man zuweilen denken mag, und es lohnt sich, in der Gärtnerei gezielt danach zu fragen. Die Purpur-Fetthenne bleibt den Beeten auch über den Winter treu und sieht mit Schnee bedeckt, wenn die weiße Pracht die tellerförmigen Samenstände mit einer Haube bedeckt, besonders hübsch aus. Gleiches gilt für den Purpursonnenhut, der die ehemalige Blütenmitte als dunklen Knopf auf dem Stiel trägt. Auch Gräser wie das Chinaschilf gehören zu jenen Pflanzen, die den Garten bis weit nach dem Jahreswechsel schmücken. Zugegeben, sie schenken uns nicht die Farbenpracht des Frühsommers. Doch im Winter ist der bescheiden anmutende Schmuck ihrer Stängel, Halme und Samenstände umso kostbarer.

Spätestens wenn der Garten nach einer kalten Nacht mit glitzerndem Raureif überzuckert ist, zeigt sich **die Poesie des Winters.** Wir werden uns darüber freuen, dass sich die Beete über Nacht in Kunstwerke verwandelt haben. Der Staudenzüchter Karl Foerster erkannte die kreative Kraft des Frosts schon 1922 und brachte folgenden Satz zu Papier: »Raureif ist die Mozartmusik des Winters, gespielt bei atemloser Stille der Natur.«

Aus Welkem wächst Neues

Das Vergehen einer Pflanze in die Gartengestaltung einzubeziehen fällt nicht immer leicht. Es ist nur allzu verständlich, dass in vielen Gärten nach wie vor alles, was nicht mehr lebt, entfernt wird. **Der Anblick abgestorbener Pflanzen erinnert uns** an die eigene Vergänglichkeit. Es fällt leichter, die Geburt eines Kindes zu feiern, als den Tod eines geliebten Menschen zu akzeptieren und zu trauern. Und doch wissen wir, dass es sinnlos ist, gegen diesen Kreislauf aus Leben und Tod anzukämpfen. Wer es versucht, verliert oftmals seine Würde. Auch unserem Garten sollten wir zugestehen, dass er sich im Gang der Jahreszeiten verändert. Es gibt sie zwar, jene Anlagen, die aus Rasen und immergrünen Gehölzen bestehen. Sie sehen von Januar bis Dezember weitgehend gleich aus. Wirken sie lebendig? Diese Frage mag jeder für sich selbst und abhängig vom jeweiligen Garten beantworten.

Es dauert nur ein paar wenige Monate und aus dem Kompost wachsen Blumen.

Keine Geschmacksfrage ist hingegen eine Tatsache, die auch jene Menschen verstehen, die tote Pflanzenteile nicht als ästhetisch ansprechend empfinden: **Die Gegenwart des Todes macht den Garten lebendiger.** In den abgestorbenen Stängeln der Stauden überwintern Nützlinge wie die Larven des Marienkäfers und unter der Laubschicht auf den Beeten arbeiten zahllose Käfer, Asseln und unsichtbare Mikroorganismen daran, Blatt für Blatt in Erde zu verwandeln. Das Vergehen ist Voraussetzung für die Entstehung neuen Lebens. Diese kleinen Wesen rufen zuweilen Ekel hervor und doch sind wir auf sie angewiesen. Und auch possierliche Tiere wie die Singvögel fühlen sich im Garten wohler, wenn sie dort Nahrung in Form von Samen oder Insekten finden können. Bei Stauden und Gräsern dienen die abgestorbenen Halme und Stängel zudem als Winterschutz für die unterirdischen Teile der Pflanze, die im Frühjahr wieder austreiben. **Wie viel totes Material bleiben darf, mag jeder selbst entscheiden.** Ich kann mich nach wie vor nicht für die nach dem Frost meist matschigen Blätter der Funkien begeistern und gebe sie auf den Kompost. Als Humus bereichern sie das Bodenleben dann in der kommenden Saison. ❦

Achtsamkeit spüren: Gehen Sie durch Ihren Garten oder hinaus in die Natur und heben Sie ein Stück Totholz vom Boden auf. Spüren Sie das Gewicht in Ihrer Hand. Fühlt es sich leichter an als erwartet? Sehen Sie genau hin. Erkennen Sie kleine Löcher oder Gänge? Betrachten Sie die Stelle, von der Sie es aufgehoben haben und legen Sie es zurück. Hier wird neues Leben entstehen.

Bald werden die Blätter
von selbst zu Boden fallen.

Der Schnee hat den
Rosenstrauch eingekleidet.

Pflanzen einkleiden

Wer in Mitteleuropa gärtnert, wird Arten pflanzen, die den Winter normalerweise überstehen. Trotzdem empfiehlt es sich, einigen Gewächsen vorsichtshalber einen Mantel anzulegen.

Winter ist nicht gleich Winter. Je nach Region unterscheidet sich das Klima deutlich und sogar innerhalb des Gartens sind Unterschiede möglich. Auch wie streng oder mild sich der Frost von Winter zu Winter zeigen wird, wissen wir natürlich nicht.

Trotz aller Unwägbarkeiten können wir uns an Erfahrungen orientieren und unseren Beitrag dazu leisten, dass auch empfindlichere Pflanzen im Frühling wieder austreiben. Da zumindest die tiefen und dauerhaften Frostperioden meist erst nach Weihnachten auftreten, reicht es in der Regel aus, wenn wir empfindlichere Stauden und Gehölze nach den Feiertagen einpacken und dabei natürliche Materialien verwenden.

Luft zum Atmen lassen

Rosen gehören zu den Gehölzen, die wir vorsichtshalber einkleiden sollten. Für den Wurzelraum mit der empfindlichen Veredelungsstelle hat sich eine Schicht aus Laub, das mit etwas Tannenreisig fixiert wird, bewährt. **Die Zweige des Weihnachtsbaums** können wir gut für diesen Zweck verwenden. Bei Hochstämmchen liegt die Veredlungsstelle ungeschützt unterhalb der Krone. Eine um den Stamm gewickelte Schilfmatte und eine Haube aus Jute schützen diese etwas empfindlicheren Rosen. Auch für andere Pflanzen sollten wir auf diese natürlichen Materialien zurückgreifen. Das ist nicht nur vernünftiger und schöner als eine Noppenfolie. Jute, Laub und Zweige lassen Luft an die Pflanzen und verhindern Schimmel und Fäulnis. Luft ist auch im Wurzelraum wichtig, denn manchmal stellt die Feuchtigkeit ein größeres Problem dar als der Frost: Zum Beispiel übersteht Rosmarin den Winter in durchlässigem Substrat besser als in schwerem Lehmboden. 🌱

Manche Pflanzen wie der Blauregen brauchen nur in den ersten Jahren nach der Pflanzung unseren Schutz. Danach trotzen sie dem Frost.

Achtsamkeit spüren: Gehen Sie aufmerksam durch den Garten und sammeln Sie Äste, Reisig und Laub für den Winterschutz. Freuen Sie sich darüber, dass dieses abgestorbene Material anderen Pflanzen dienen wird.

Gepflegt und geschützt ist
das Werkzeug einsatzbereit.

Wertvolles Werkzeug

Selbst Menschen, die Mutter Erde und sich selbst intensiv spüren möchten, werden kaum mit bloßen Händen im Garten graben und haben ein paar gute Geräte, die sie durch das Gartenjahr begleiten.

Spaten, Grabgabel und Gartenschere gehören zur Grundausstattung. Je nach Größe des Gartens und der Gehölze wird die Palette um Säge, Rasenmäher und diverse Handgeräte erweitert werden. Wählen und pflegen Sie diese Helfer sorgfältig.

Weniger Besitz bedeutet ein Mehr an Freiheit – zumindest in wohlhabendenden Ländern wird dieser Satz von vielen Menschen bejaht. Die vielen Dinge, die sich im Laufe eines Lebens ansammeln, können als Last empfunden werden. Wählen Sie das Gartenwerkzeug deshalb sorgfältig aus: Eine Unkrautgabel hilft beim Jäten und packt je nach Boden selbst Löwenzahn an der Wurzel. Vielleicht ist ein spezieller Löwenzahnstecher dann gar nicht nötig. Probieren Sie aus, welche Dienste Ihre Werkzeuge leisten und welche nicht. So werden Sie nur das kaufen, was Sie brauchen, und Freude daran haben.

Gutes wird gut behandelt

Wer wählerisch ist, kann für die wenigen Gegenstände, mit denen er sich umgibt, etwas mehr Geld ausgeben. Hochwertiges Werkzeug, macht sich schon dadurch bezahlt, dass Sie sich bei der Gartenarbeit nicht mehr über stumpfe Scheren oder verbogene Schaufelblätter ärgern müssen. Wer mit Achtsamkeit gärtnert, wird auch an seine Mitmenschen denken und Werkzeug wählen, das fair produziert wurde. Meist wird das etwas mehr kosten und fast automatisch dazu führen, dass diese Gegenstände besser gepflegt werden und uns lange begleiten. **Machen Sie die Pflege der Werkzeuge zum Ritual:** Reinigen Sie Ihre Gartenschere nach dem letzten Schnitt der Saison und spendieren Sie ihr einige Tropfen Öl. Sie werden sich beim ersten Schnitt im neuen Gartenjahr über Ihre Sorgfalt freuen. 🌱

> *Gutes Werkzeug sollte seinen Preis wert sein. Wer es sich gönnt, achtet die eigene Arbeit und erleichtert diese zugleich.*

Achtsamkeit spüren: Legen Sie Ihr Lieblingswerkzeug vor sich hin und betrachten Sie es. Denken Sie daran, bei welchen Arbeiten es Sie unterstützt hat. Pflegen Sie es und bewahren Sie es gut geschützt auf.

Aus diesem Kunstwerk wachsen bald wieder Stauden.

Wünsch Dir was!

Der Winter mag das Ende der Saison markieren, doch für die Planung ist er der ideale Anfang. Wann, wenn nicht jetzt, können wir Ideen spinnen und in aller Ruhe überlegen, was wir ändern möchten?

Nach dem Frost werden die Karten auf den Tisch gelegt. Wenn sich nicht gerade eine Schneedecke gnädig über sämtliche Beete legt, zeigt sich, ob der Garten von einem Grundgerüst getragen wird oder unvollständig wirkt.

Diese Ehrlichkeit des Winters öffnet uns die Augen. Für das Schöne ebenso wie für die Defizite. Genau zum richtigen Zeitpunkt: Pläne zu schmieden und noch eine Nacht darüber zu schlafen oder noch eine ganze Woche – diesen Luxus schenkt uns der Winter. Endlich sind wir vom Gefühl befreit, schnell entscheiden zu müssen. Die Natur legt eine Pause ein und gibt uns die Chance, in Ruhe zu überlegen, wie wir den Garten im vergangenen Jahr erlebt haben und was wir uns im kommenden Jahr wünschen.

Bilanz ziehen, ohne zu rechnen

Sie blicken rundum zufrieden auf die Saison zurück und möchten nicht einen einzigen Quadratmeter Ihres Gartens verändern? Das ist wunderbar und sehr selten. Viel häufiger und nur allzu menschlich ist es, dass uns die ein oder andere Stelle einfällt, die uns unzufrieden macht. Das ist kein Makel, sondern es gehört zum Wesen eines Gartens, dass er – zumindest aus der Sicht derjenigen, die sich um ihn kümmern – niemals fertig ist. Wenn Sie im Winter den Eindruck haben, dass dem Garten ein Rückgrat fehlt, versuchen Sie die Stelle möglichst konkret zu benennen. Könnte eine Hecke den Garten strukturieren oder möchten Sie den Weg anders führen? Vielleicht fehlt auch einfach nur ein Blickpunkt, der das Ende einer Achse markiert, oder ein Gehölz, das über dem Sitzplatz Geborgenheit spendet. Finden Sie heraus, was Ihnen guttut, und halten Sie es als Skizze oder Notiz fest. ❦

Mit der Zeit reifen Wünsche zu Ideen. Manche münden in einen Plan und werden im Frühling umgesetzt.

Achtsamkeit spüren: Im Winter nehmen wir den Garten meist vom Haus aus wahr. Machen Sie ein Fenster zu ihrem Lieblingsbild. Schließen Sie die Augen und stellen Sie sich vor, was Sie dort wachsen sehen möchten.

Die beste Art, **Augenblicke einzufangen**, ist, aufmerksam zu sein. Auf diese Weise entwickeln wir Achtsamkeit. **Achtsam sein bedeutet, wach zu sein.** Es bedeutet, dass **wir wissen, was wir tun.**

Jon Kabat-Zinn

Moment-Aufnahme

Den Winter wertschätzen

In dieser Jahreszeit verbringen wir naturgemäß weniger Zeit draußen.
Trotzdem tut es gerade in den kalten Wochen gut, an die frische Luft
zu gehen und sich auf den Garten, so wie er ist, einzulassen.

Blick nach draußen Ich stehe am Fenster und sehe das Gerüst des Gartens. Ich sehe Bäume, Sträucher und die Stängel der Stauden und Gräser. Drinnen ist es warm und gemütlich, doch ich möchte die Luft und das Licht draußen auf mich wirken lassen. Ich ziehe mich warm an, öffne die Tür und atme die klare Luft des Winters ein.

Hinausgehen Schritt für Schritt gehe ich in den Garten und lasse ihn auf mich wirken. Im Gesicht spüre ich die Kälte. Wenn ich einatme, spüre ich, wie die Luft durch meine Nase strömt. Wie fühlt sie sich an? In meinem Körper erwärmt sich die Luft und ich atme durch den Mund wieder aus. Kann ich beim Ausatmen Nebelhauch sehen?

Strukturen erkennen Der Frost hat die Äste der Bäume freigelegt, die Blätter bedecken den Boden und ich nehme ihre Wuchsform wahr. Ich wähle einen Baum und betrachte ihn. Je länger ich ihn betrachte, desto intensiver nehme ich ein Gefühl von Ruhe und Stärke in mir wahr. Nichts wird versteckt und kaschiert, auch der Stamm steht klar und deutlich vor mir. Ich gehe noch einige Schritte auf den Baum zu.

Sich herantasten Meine Handflächen berühren die Rinde des Baumes. Wie fühlt sich der Baum an? Kann ich eine raue Borke tasten oder nehme ich eine glatte Oberfläche wahr? Meine Hände wandern weiter und lassen die Rinde erzählen. Vielleicht spüre ich Risse oder Astlöcher, die im Laufe der Jahre entstanden sind. Ich löse die Berührung mit der Rinde und spüre nach. Fühlen sich meine Handflächen anders an als vorher?

Lieblinge besuchen Ich gehe zu einer Pflanze, die mir besonders am Herzen liegt. Was hat mir in diesem Jahr gut an ihr gefallen? Wie sieht sie jetzt aus? Ist sie von Raureif überzuckert oder von Schnee bedeckt? Ich denke an ihre Wurzeln und die verborgene Energie ihrer Knospen. Ich stelle mir vor, dass sie bald wieder kraftvoll austreiben wird.

Die Ohren öffnen Ich schließe die Augen und höre dem Winter zu. Ist es wirklich still? Vielleicht liegt der Ruf einer Krähe oder der Gesang eines Rotkehlchens in der Luft. Oder raschelt ein Eichhörnchen auf der Suche nach Nüssen unter dem Baum? Neugierig öffne ich die Augen wieder und finde Antworten.

Spuren entdecken Wenn der Schnee sich wie eine Decke über die Pflanzen gelegt hat, scheint alles zu schlafen. Ich höre, wie es unter meinen Schuhen knirscht und ein Abdruck geformt wird. Kann ich andere Spuren entdecken? Schläft die Natur wirklich? Ich lasse meinen Blick über die glitzernde weiße Decke gleiten und atme tief ein und aus. Meine Hände formen eine Kugel aus Schnee. Ich spüre die Kälte auf meiner Haut und berühre mit den Händen mein Gesicht.

Wärme wertschätzen Ich habe die Kälte gespürt und verlasse den Garten mit einem Gefühl der inneren Ruhe und der Dankbarkeit. Ich freue mich, dass ich mich nun wieder aufwärmen kann.

> *Der Winter zeigt sich klar und aufgeräumt. Er öffnet uns die Augen und macht es uns leicht, dem was ist, mit Achtsamkeit zu begegnen.*

Zum Weiterlesen für Garten und Geist

Karel Čapek: Das Jahr des Gärtners. Neuübersetzung aus dem Tschechischen von Marcela Euler. *Schöffling & Co.: Frankfurt am Main 2010.*

Andreas Dick: Die innere Mitte finden. Lob der Tugend. *Orell Füssli Verlag: Zürich 2015.*

Joseph Goldstein: Ein Dharma. Buddhismus im Alltag. Aus dem Amerikanischen von Elisabeth Liebl. *Goldmann Verlag: München 2004.*

Amishi P. Jha: Augenblick mal! (Artikel zum Titelthema Achtsamkeit). In: Gehirn & Geist. *Das Magazin für Psychologie und Hirnforschung. Ausgabe 11/2013, S. 42–47.*

Keisuke Matsumoto: Die Kunst des achtsamen Putzens. Wie wir Haus und Seele Reinigen. Aus dem Japanischen von Wolfgang Höhn und Mariko Sakai. *Goldmann Verlag: München 2015.*

Anja Maubach: Garten ist Leidenschaft. *BLV Buchverlag: München 2011.*

Thich Nhat Hanh: Ich pflanze ein Lächeln. Der Weg der Achtsamkeit. Aus dem Englischen von Jürgen Saupe. *Goldmann Verlag: München 1992.*

Edo Popvić: Anleitung zum Gehen. Aus dem Kroatischen von Alida Bremer. *Luchterhand Literaturverlag: München 2015.*

Ark Redwood: The Art of Mindful Gardening. Sowing the Seeds of Meditation. *Leaping Hare Press: Lewes (UK) 2011.*

Jonas Reif, Christian Kress und Jürgen Becker: Blackbox Gardening. Mit versamenden Pflanzen Gärten gestalten. *Eugen Ulmer Verlag: Stuttgart 2014.*

Sogyal Rinpoche: Das Tibetische Buch vom Leben und Sterben. Ein Schlüssel zum tieferen Verständnis von Leben und Tod. Aus dem Englischen von Thomas Geist und Karin Behrendt. *Fischer-Taschenbuch-Verlag: Frankfurt am Main 2004.*

Johannes Roth: Gartenlust. Dreiunddreißig Blumenstücke und Anleitungen zur gärtnerischen Kurzweil. *Insel Verlag: Frankfurt am Main 1994.*

Helwig Schmidt-Glintzer (Hrsg.): Die Reden des Buddha. *dtv C.H. Beck: München 2005.*

Thomas Schuster, Brigitte Goss und Andreas Barlage: Quickfinder Gartenjahr. Der beste Zeitpunkt für jede Gartenarbeit. Nach dem phänologischen Jahreskalender. *Gräfe und Unzer Verlag: München 2009.*

Seneca: Von der Kürze des Lebens. Das Leben ist lang, wenn Du es zu gebrauchen verstehst. Aus dem Lateinischen von Otto Apelt. *dtv C.H. Beck: München 2005.*

Rüdiger Standhardt und Cornelia Löhmer: MBSR. Die Kunst, das ganze Leben zu umarmen: Einübung in Stressbewältigung durch Achtsamkeit. *Klett-Cotta: Stuttgart 2015.*

Daisetz T. Suzuki: Die große Befreiung. Einführung in den Zen-Buddhismus. Aus dem Englischen von Felix Schottlaender. *O.W. Barth Verlag: München 2012.*

Paulus Terwitte: Vom Glück des einfachen Lebens. Impulse aus der Regel des Heiligen Franziskus. *Vier-Türme-Verlag: Münsterschwarzach 2009.*

Alan Watts: Vom Geist des Zen. Aus dem Amerikanischen von Julius Schwabe. *Insel Verlag: Frankfurt am Main und Leipzig 2008.*

Michael Zimmermann, Christoph Spitz und Stefan Schmidt (Hrsg.): Achtsamkeit. Ein buddhistisches Konzept erobert die Wissenschaft. *Verlag Hans Huber: Bern 2012.*

Zitatnachweise

S. 9, 102: aus *Thich Nhat Hanh, Schritte der Achtsamkeit. Eine Reise an den Ursprung des Buddhismus.* © Verlag Herder GmbH, Freiburg i. Br. 2014.

S. 9: *Joseph Goldstein, Ein Dharma. Buddhismus im Alltag.* Aus dem Amerikanischen von Elisabeth Liebl. Goldmann Verlag, München 2004.

S. 9: *Sogyal Rinpoche, Das Tibetische Buch vom Leben und Sterben. Ein Schlüssel zum tieferen Verständnis von Leben und Tod.* Aus dem Englischen von Thomas Geist und Karin Behrendt. Fischer-Taschenbuch-Verlag, Frankfurt am Main 2004.

S. 10: *Keisuke Matsumoto, Die Kunst des achtsamen Putzens.* Aus dem Japanischen von Wolfgang Höhn und Mariko Sakai. Goldmann Verlag, München 2015.

S. 16, 35: aus: *Karel Čapek, Das Jahr des Gärtners.* Aus dem Tschechischen von Marcela Eule. © der deutschen Ausgabe Schöffling & Co. Verlagsbuchhandlung GmbH, Frankfurt am Main 2010.

S. 18, 128: *Thich Nhat Hanh, Ich pflanze ein Lächeln. Der Weg der Achtsamkeit.* Aus dem Englischen von Jürgen Saupe. Goldmann Verlag, München 1992.

S. 44: *Antoine de Saint-Exupéry, Die Stadt in der Wüste.* © 1956 und 2009 Karl Rauch Verlag, Düsseldorf.

S. 61: *Antoine de Saint-Exupéry, Der kleine Prinz.* © 1950 und 2014 Karl Rauch Verlag, Düsseldorf.

S. 63: aus: *Paulo Coelho, Brida.* Aus dem Brasilianischen von Maralde Meyer-Minnemann. Copyright der deutschsprachigen Ausgabe © 2008, 2010 Diogenes Verlag AG Zürich.

S. 77, 127: aus: *Foerster, Ein Garten der Erinnerung.* © 2009, Eugen Ulmer KG, Stuttgart.

S. 86: *Joseph Goldstein, Einsicht durch Meditation. Die Achtsamkeit des Herzens. Buddhistische Einsichts-Meditation für westliche Menschen.* Deutsch von Theo Kierdorf. Scherz, Bern 1989.

S. 105: aus: *Johannes Roth, Gartenlust. Fünfzig Blumenstücke und Anleitungen zur gärtnerischen Kurzweil.* © Insel Verlag Frankfurt am Main und Leipzig 1992. Alle Rechte bei und vorbehalten durch Insel.

S. 106: *Benedikt Schwank OSB, Blumen schenken Hoffnung. Aufzeichnungen eines Beuroner Mönchs.* Aus dem Kapitel: *Von den »Lilien des Feldes«.* © Beuroner Kunstverlag, 88631 Beuron · www.klosterkunst.de.

S. 136: *Jon Kabat-Zinn, Im Alltag Ruhe finden.* Copyright © Knaur MensSana 2015.

Danken möchte ich ...

... Dr. Thomas Hagen für die Idee und die Initiative zu diesem Buch,

... Ferdinand Graf von Luckner für die Fotografien, die dem Text ein Gesicht verleihen,

... Dr. Christine Schlitt für das Lektorat meiner Texte und viele motivierende Telefonate,

... Anja Maubach und Alph Lehmann für den Einblick in ihre persönliche Philosophie des achtsamen Gärtnerns,

... Angelika Weißbacher für den praktischen Unterricht und die Literatur zur Achtsamkeit

... und meiner Familie für die Unterstützung, das Interesse an diesem Buch und die Geduld, die alle während des Schreibens für mich aufgebracht haben.

Stefanie Syren

Danken möchte ich ...

... Dr. Thomas Hagen für den Dialog,

... meiner Tochter Thea für die Unterstützung,

... Stefanie Syren für den Entschluss, mitzumachen.

Ferdinand Graf von Luckner

© Elisabeth Syren

© Oskar Luckner

Stefanie Syren absolvierte ihr Studium der Landschaftsarchitektur an der TU München-Weihenstephan mit dem Ziel, Fachjournalistin zu werden. Beruflich agiert sie überwiegend in der Welt hochglänzender Garten- und Wohnmagazine, privat hat sie beinahe täglich Erde unter den Fingernägeln. Näheres über ihre Arbeit und aktuelle Projekte: www.stefaniesyren.de

Ferdinand Graf Luckner genießt den Ruf eines exzellenten Reportagefotografen für Architektur, Wohnen, Reise, Landschaft und Garten. Trotz zahlloser Veröffentlichungen in Magazinen wie *Häuser, Schöner Wohnen, Zuhause Wohnen* und *Garten-Träume* sowie in Buchform lautet sein Credo noch immer: Zwar sind schon alle Fotos gemacht, aber noch lange nicht alle Geschichten erzählt. www.graf-luckner.de

Impressum

Bibliografische Information der Deutschen Nationalbibliothek
Die Deutsche Nationalbibliothek verzeichnet diese Publikation in der Deutschen Nationalbibliografie; detaillierte bibliografische Daten sind im Internet über http://dnb.d-nb.de abrufbar.

BLV Buchverlag
GmbH & Co. KG
80636 München

© 2016 BLV Buchverlag GmbH & Co. KG, München

Hinweis
Das vorliegende Buch wurde sorgfältig erarbeitet. Dennoch erfolgen alle Angaben ohne Gewähr. Weder Autorin noch Verlag können für eventuelle Nachteile oder Schäden, die aus den im Buch vorgestellten Informationen resultieren, eine Haftung übernehmen.

www.facebook.com/blvVerlag

Bildnachweis
Alle Fotos von Ferdinand Graf von Luckner, außer mauritius images/Alamy: S. 56; getty images/Mark Winwood: S. 59; Tatiana Kolesnikova/getty images: S. 108; Flora Press/Mint Images: S. 113

Grafiken
Klecks: undrey – Fotolia; Fadenstiche: Fiedels – Fotolia; Heller Hintergrund: Andrey Kuzmin – Fotolia; daboost – Fotolia; Blaugrüner Hintergrund: bittedankeschön – Fotolia; Zerknitterter Hintergrund: Kostia Lomzov – Fotolia; Doppelblüte: Ksanask – Fotolia; Einzelblüte: ksysha – Fotolia; Beeren an Zweig: alexilly - Fotolia

Umschlagfotos:
Titelbild: GAP Photos/Thomas Ciesielski
Hintergrund und Bildrahmen: Fotolia
Rückseite: Ferdinand Graf von Luckner

Konzept: Dr. Thomas Hagen
Lektorat: Dr. Christine Schlitt
Herstellung: Angelika Tröger
Layoutkonzept Innenteil und Satz: griesbeckdesign, München

Gedruckt auf chlorfrei gebleichtem Papier

Printed in Germany
ISBN 978-3-8354-1450-1

Den Garten mit allen Sinnen erleben

Anja Maubach/Ferdinand Graf von Luckner
Garten ist Leidenschaft!
Anja Maubachs Credo zur »Faszination Garten«, geschrieben mit
Leidenschaft und jahrzehntelanger Erfahrung · Ein inspirierendes, ganz
individuelles Lesebuch mit einer Fülle von Insider-Tipps · Mit brillanten,
großformatigen Fotos und achtsamen, einfühlsamen Texten.
ISBN 978-3-8354-0749-7

www.blv.de